Madrid

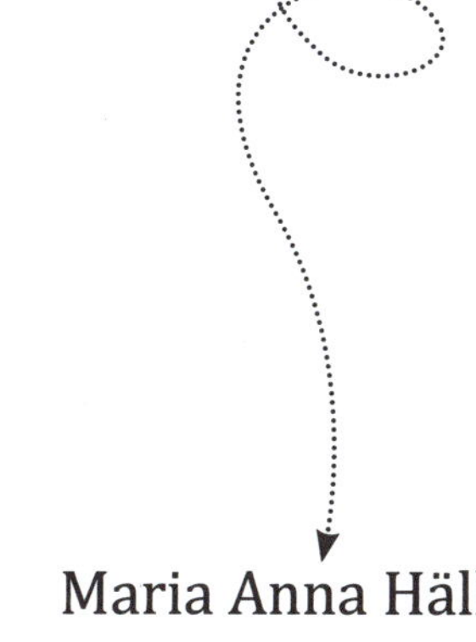

Maria Anna Hälker
Manuel García Blázquez

Inhalt

Das Beste zu Beginn

Die Stadt selbst entdecken
Wenn morgens die Rolläden der Bars und Läden aufrattern, ist es in den Zentrumsvierteln noch beschaulich; abends drängt es dann alle aus ihren Häusern auf die Straßen und Plätze: Nirgends lässt sich Madrid intensiver spüren als in den Altstadtvierteln. Es gehört zum Schönsten, sich hier ziellos durch die Gassen treiben zu lassen …

Madrid von oben
Dachterrassen, auf denen man sich zum Sundowner trifft, liegen im Trend. Es gibt sie im Dutzend in der Gran Vía, gefolgt von der 360° Rooftop Bar (► S. 62) hoch über der Plaza de España. Der Blick über die ›Große Straße‹ ist fantastisch, besonders beeindruckend gegen Abend.

Da steckt Musik drin
Klassik, Jazz, Flamenco, Rock, Weltmusik. An keinem Tag müssen Sie auf Musik verzichten, immer steht Hochkarätiges auf dem Programm. Musik ganz umsonst gibt es auch. Auf der Plaza de Oriente, nahe der Musikhochschule, übt am Abend schon mal eine Geige, eine Gitarre, ein Saxophon … Ein junges Orchester, zum Dabeibleiben gut, spielt oft in der oberen Calle de Alcalá.

Hotspot der Kulturszene
Beim Wort »Schlachthof« denken junge Städter an Konzerte, Filme, Theater, Ausstellungen, Lesungen, Events und Festivals. Der weitläufige Komplex von Matadero Madrid, bestehend aus mehreren historischen Ziegelsteinhallen am Fluss, ist ein Schaufenster der jungen Madrider Kulturszene (► S. 74).

So viel Theater muss sein!
Die Theaterleidenschaft der Madrilenen ist sprichwörtlich. Für getriebene Großstadtmenschen gibt es jetzt ein Minutentheater. Die Stücke im Microteatro por Dinero (► S. 69) dauern nur ein paar Minuten. Zu komisch! Sogar wenn man nichts versteht.

Wo Schafe demonstrieren gehen

Auf dem frisch renovierten Zentrumsplatz Puerta del Sol sehen Sie gelebte Demokratie, laufend Proteskundgebungen gegen Missstände aller Art. Am letzten Oktoberwochenende ist der Platz allerdings den Schafen vorbehalten, die hier zu Tausenden blöken. Es ist seit dem Mittelalter ihr königlich verbrieftes Recht, den historischen Viehtriebsweg Cañada Real zu benutzen, und der führt nun mal mitten durch Madrid. Hinterher Schafkacke allerorten: vor Juweliergeschäften, Prunkbauten, Banken …

In Markthallen essen

Mehr als 30 historische Versorgungsmärkte hat Madrid. Jeder tickt anders, je nach Viertel und Klientel. Neben Frischprodukten bekommt man in kleinen Bars oft günstiges Essen. Unser Tipp: der Mercado de los Mostenses (► S. 59). Er liegt zentral, aber etwas versteckt und ist recht authentisch.

Botanik zum Staunen

Dschungelgefühle. Bäume aus Mexiko, Kolumbien und Peru gehören zu den 1500 Baumarten und Tausenden weiteren Pflanzenarten aus aller Welt im Real Jardín Botánico (► S. 84). Herrlich ruhig, grün, schattig, frisch ist es in dem 9 ha großen Botanischen Garten direkt neben dem Prado. Ein fast 250 Jahre altes Kleinod.

Die Hundertjährigen

Die gibt es unter den Menschen, aber auch unter den Cafés, Bäckereien, Restaurants und Läden. Respekt! Z. B. die uralte Antigua Casa Crespo (► S. 69) in Malasaña, in der Ana Ladrón *alpargatas* verkauft, spanische Stoffschuhe mit Hanfsohlen. Sie stammen sogar aus eigener Produktion. Ein schönes Mitbringsel.

Am liebsten treffen wir uns in den Bars von Lavapiés, da haben wir mal zusammen in einer WG gewohnt. Manuel läuft übrigens fast täglich quer durch die Stadt, er ist freier Journalist und nah dran an allen Veränderungen.

Fragen? Erfahrungen? Ideen?

Wir freuen uns auf Post.

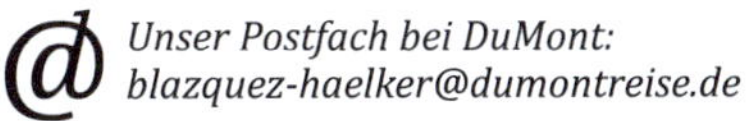

Unser Postfach bei DuMont:
blazquez-haelker@dumontreise.de

Das ist Madrid

Einmal Licht tanken, bitte? Allein die blauen Himmel, das Licht, die Sonne machen in Madrid glücklich. Viel Leben spielt sich im Freien ab – in den Gassen, auf Plätzen, in den unzähligen Bars und Tavernen mit Außenplätzen. Wer die Stadt besucht, ist also gleich mittendrin im mediterranen Lebensgefühl, im Feiern und Nächte-Genießen. Man fühlt sich schnell aufgenommen in den Kosmos Madrid. Die Metropole hatte schon immer den Ruf einer ›Stadt der offenen Arme‹. Sie nahm seit der Industrialisierung Scharen armer Landbewohner aus allen Landesteilen auf und wurde zum Schmelztiegel Spaniens samt seines prickelnden Konzerts unterschiedlicher iberischer Temperamente. Dieser Geist von Offenheit und Toleranz hält bis heute an.

Neues Leben in alten Quartieren

Als Madrid 1561 durch willkürliche königliche Entscheidung Hauptstadt wurde, war es ein Dorf – ein unbeschriebenes Blatt. In manchem Winkel im Zentrum scheint dieses alte Dorf noch durchzublitzen. In den Altstadtvierteln der Millionenmetropole entfaltet sich ihr ganzer Charme: in den herausgeputzten Gassen rund um die historische Plaza Mayor und in *barrios* wie Lavapiés, Malasaña, dem Literatenviertel Huertas oder Chueca. Das ist das Madrid der krummen Sträßchen, die sich über sanfte Hügel ziehen, mit Häusern aus dem 17.–19. Jh. voller kleiner Wohnungen, meist zu klein und zu unkomfortabel für die Besserverdienenden, die in Salamanca oder anderen Distrikten Geeigneteres finden. Wie hineingetupft stehen im Meer der typischen Balkonhäuser vereinzelt ein alter Adelspalast oder prachtvolle barocke Kirchen und Klöster, die von Hof und Adel im ›Goldenen Zeitalter‹ des späten 16. und frühen 17. Jh. reich mit Kunst und Kostbarkeiten beschenkt wurden. Immer wieder kommt man ins Staunen. Heute sind diese traditionellen Viertel der einfachen Leute die idealen Reviere für junge Menschen, die ihr Leben nach eigenen Vorstellungen organisieren.

Eine kreative Szene

Es sind die offensten, kreativsten und multikulturellsten Viertel Madrids. Hier bekommen junge Leute den Rückenwind, den sie brauchen, um mit kleinen Läden für Mode, Accessoires oder Designartikel, Musikclubs, Tapas-Bars oder Cafés Fuß zu fassen. Ehemalige Tante-Emma- und Handwerkerläden bieten den benötigten Raum. Und auf den Hausfassaden von Lavapiés findet sich auch noch Platz für die allgegenwärtige Street-Art. Der Glaube an Nachhaltigkeit, Fair-Trade und soziales Engagement ist präsent.

Landschaft des Lichtes

Paseo del Arte, ›Kunstmeile‹, wird der Paseo del Prado mit seinen weltbekannten Museen genannt: Prado, Centro de Arte Reina Sofía, Thyssen-Bornemisza-Museum. Seit 2021 gehört der Boulevard mit seinen alten Bäumen und wunderschönen Brunnen zum Madrider Weltkulturerbe ›Paisaje de la Luz‹, ›Landschaft des Lichtes‹. Das ›Licht‹ spielt auf die Zeit und den Geist der Aufklärung an, als König Carlos III im Umfeld des Paseo del Prado

Sich dazusetzen oder forsch weitergehen? Auf Madrids Plätzen – hier auf der Plaza de San Ildefonso in Malasaña – genießen alle das Leben und die Leichtigkeit des Seins. Kunst und Kultur? Vielleicht später…

Ikonen der Wissenschaft ansiedelte: eine naturwissenschaftliche Akademie, die heute das Prado-Museum beherbergt, einen botanischen Garten mit riesigem Wissensschatz zur Flora der Welt, eine Sternwarte. Er wollte eine ganze Stadtlandschaft für Forschung und Bildung schaffen. Neben dem Kunstboulevard mit seinen Museen und dem botanischen Garten umfasst das UNESCO-Erbe auch die elegante Gegend rund um die Krönungskirche San Jerónimo und den Stadtpark El Retiro. Sich an Kunst und an Natur zu laben, das gehört hier zusammen.

Raum für die Zukunft

Madrid ist eine Stadt der Kulturzentren, die mit Fotografie, Malerei, Musik, Flamenco, Film, Theater, großartigen Ausstellungen, Workshops, Vorträgen und Debatten viel Publikum anziehen. Etliche solcher soziokulturellen Zentren haben in ehemaligen Industriedenkmälern Platz gefunden, wie der Tabakfabrik in Lavapiés, dem alten Schlachthof am Fluss, einem ehemaligen Sägewerk, einem Elektrizitätswerk. Sie setzen Impulse für die Stadtentwicklung und das urbane Leben jetzt und in Zukunft. Die Metropole ist das Parkett, auf dem um neue Wege für das ganze Land wie für die Region und die Stadt selbst gerungen wird.

Inzwischen können wir uns in den schmalen Gassen der Altstadt gut und sicher zu Fuß und per Rad bewegen, ein Radweg entlang der kilometerlangen Castellana ist in Bau. Es gibt immer mehr Fußgängerzonen und neue Grünareale, so wie Madrid Río rund um den Stadtfluss. Sie laden auch Besucher ein, ihren Radius zu erweitern und andere Seiten der Metropole zu entdecken. Also einfach mal aufs Fahrrad schwingen.

Madrid in Zahlen

0

Von der Null im Straßenpflaster auf der Puerta del Sol bemessen sich die Kilometerangaben an sämtlichen Nationalstraßen.

7

Sterne umgeben im Madrider Wappen den Bären. Sie entsprechen der Zahl im Sternbild des Großen Bären.

10,5

Prozent betrug die Arbeitslosenquote im Herbst 2023 in Madrid (Spanien: 12 Prozent).

12

Trauben isst jeder Madrilene zu den zwölf Glockenschlägen der Silvesternacht. Das bringt zwölf Monate Glück.

302

Metrostationen verteilen sich auf 294 Schienenkilometer. Mehr Haltestellen gibt es nur in Paris, London, New York, Beijing und Shanghai.

655

Meter über dem Meer liegt Madrid und ist – nach Andorra – die höchstgelegene Hauptstadt Europas.

3418

Räume besitzt das Madrider Schloss. Brauchen Könige so viel Platz?

15 000

Bars und Restaurants gibt es in der ausgehfreudigen Stadt, jedes zweite Lokal hat eine Außenterrasse.

65 587

Studenten hat die Universidad Complutense. Es gibt in Madrid 5 weitere staatliche Unis, dazu 11 private und 1 katholische.

3 071 955

Besucher wurden 2023 im Prado gezählt. Im Centro de Arte Reina Sofía waren es ca. 1,2 Mio. (ohne Ausstellungshallen im Retiro), im Thyssen-Museum gut 1 Mio.

80 000

Menschen sollen am 12. November 2023 auf Madrids Protestplatz Puerta del Sol gegen eine Amnestie für die katalanischen Separatisten demonstriert haben.

3 339 931

Einwohner hat Madrid-Stadt. Es ist nach Berlin die zweitgrößte Metropole der EU.

730 000

Tassen spanischer Schokolade schenkt die Chocolatería de San Ginés pro Jahr aus. Nach eigenen Angaben. Es könnten auch ein paar 10 000 mehr sein.

84 744

Plätze hat das Santiago-Bernabéu-Stadion, in dem Real Madrid spielt.

Was ist wo?

Seit der Habsburger Philipp II., der einst das größte Reich auf Erden regierte, 1556 seinen Königssitz in das damalige Dorf Madrid verlegte, ist es mächtig über sich hinausgewachsen – in quasi konzentrischen Kreisen und heute noch erkennbaren Stufen der Stadterweiterung.

Das Viertel der Habsburger

Der **Barrio de los Austrias** (🗺 B–D 5/6), das Habsburgerviertel, ist Madrids Kern. Es erstreckt sich vom **Schloss** (🗺 B/C 5/6) Richtung Osten bis zur **Puerta del Sol** (🗺 D/E 5), wo früher die Stadtmauer mit dem namengebenden Sonnentor das alte Dorf begrenzte. Herzstück der mittelalterlichen Stadt ist die **Plaza Mayor** (🗺 D 6); die Parallelstraßen **Cava Baja** und **Cava Alta** zeichnen noch den Verlauf eines ehemaligen Stadtgrabens nach (🗺 C/D 6/7). Wobei Madrid eigentlich älter ist: Es wurde von Arabern gegründet, die von Andalusien nach Norden drangen. Die unscheinbaren Siedlungsreste liegen unweit von Kathedrale und Schloss.

Madrids alte Barrios und ihre Namen: **Malasaña**, die Gassen rund um die **Plaza del Dos de Mayo** (🗺 D 3), ist eines der von Hipstern bevorzugten Szene- und Ausgehviertel. Auch das angrenzende **Chueca** strahlt noch viel Gemütlichkeit aus. Die Gegend rund um die **Plaza de Chueca** (🗺 E 4) ist ein Zentrum der Gay-Szene. Im **Barrio de las Letras** (Literatenviertel), auch **Huertas** genannt, wohnten im Goldenen Zeitalter Spaniens große Dichter. Hier gibt es besonders viele museumsreife Tavernen, die **Plaza de Santa Ana** (🗺 E 6) mit ihren *cervecerías* ist ein Treffpunkt der Nachtschwärmer. Das Viertel rund um die **Plaza de Lavapiés** (🗺 E 7) gehört dem jung-alternativen Madrid und ist zugleich ein buntes Einwanderungsviertel: Asiaten, Marokkaner, Schwarzafrikaner und Latinos prägen die Multikulti-Szene.

Die Altstadtviertel

Die historisch gewachsenen Viertel rund um den Barrio de los Austrias sind auf dem Stadtplan an der unregelmäßigen Gassenführung zu erkennen. Es waren die Quartiere der einfachen Leute, und auch heute findet man hier kaum Luxuswohnungen, inzwischen aber recht gut sanierte alte Bausubstanz. Die Folge: Immobilienspekulation und Gentrifizierung. Im Uhrzeigersinn heißen die Stadtbezirke Universidad, Centro, Justicia, Cortes und Embajadores. Aber jedermann nennt die *barrios*, die Wohnviertel, nur Malasaña, Chueca, Huertas bzw. Barrio de las Letras und Lavapiés oder (benachbart) La Latina.

Die großen Boulevards

Das Zentrum der City ist der Platz **Puerta del Sol** (🗺 D/E 5) mitten im historischen Zentrum. Er ist ein Verkehrsknotenpunkt der Metrolinien, deren Schächte täglich Hunderttausende Menschen ausspucken, die eilig in die umliegenden Geschäftsstraßen strömen. Vom Platz zweigt einer der großen Stadtboulevards ab, die **Calle de Alcalá** (🗺 E 5), die Meile der Banken und Luxushotels mit herrlicher Belle-Époque-Architektur. Ein zweiter Stadtboulevard, der zu Beginn des 20. Jh. eine Schneise in die dicht bebaute Altstadt schlug, ist die **Gran Vía** (🕮 C–E 4/5). Wo sich die beiden Straßenzüge gabeln, steht wahrzeichenhaft ein Bau, an dem in großen Lettern zu lesen ist, was die Architekten und Investoren hier damals schaffen wollten: Metrópolis.

Kunstmeile und Castellana

Der **Paseo del Prado** (🕮 E 5–7) mit dem Prado- und Thyssen-Museum sowie dem Centro de Arte Reina Sofía hat den Namen Kunstmeile verdient. In kaum einer anderen Stadt Europas gibt es ein vergleichbares Konzentrat an so großer Kunst auf so kleinem Raum.
Als Nord-Süd-Achse durchschneidet der Straßenzug Paseo del Prado–Paseo de Recoletos–Paseo de la Castellana die Stadt. Entlang der zwölfspurigen **Castellana** (🕮 G 1–3) Richtung Norden ist die Entwicklung der Architektur von den 1950er-Jahren bis heute zu sehen. Die neuesten Glastürme stehen jenseits der Plaza de Castilla: der Hochhauskomplex **Cuatro Torres Business Area** (CTBA), dessen Türme bereits beim Anflug zu sehen sind.

Bürgerhäuser und Haute Couture

In die regelmäßig angelegten neueren Viertel Madrids zog es seit Beginn des 20. Jh. die besser Betuchten. Besonders **Salamanca** (🕮 G–J 1–5) mit schmucken, mehrstöckigen Bürgerhäusern repräsentiert das Madrid des späten 19. und beginnenden 20. Jh. und zeigt die gehobenen Wohnbedürfnisse von Adel und Bourgeoisie. Eine Vorzeigestraße ist die **Calle de Serrano** wegen der Konzentration an Haute Couturiers und spanischen Modedesignern.

Neues Grün am Manzanares-Fluss

Das Stadtentwicklungsprojekt **Madrid Río** (🕮 A 5–8) war der Wiedergewinnung der Madrider Flusslandschaft als Freizeitareal gewidmet. Es ist gelungen, und nun scheinen auch das weitläufige königliche Jagdrevier sowie die Wohnquartiere auf der anderen Flussseite näher an die Stadt gerückt.

Augenblicke

Die Straße als Form des Seins

Unter dem Himmel fällt niemandem die Decke auf den Kopf. Da gibt es Luft und Licht und Leute. Deswegen ist Madrid von frühmorgens bis frühmorgens geöffnet. Zwischen den Wogen hektischer Betriebsamkeit auf Straßen und Plätzen und dem Dahinplätschern der ruhigeren Stunden des Tages lebt die Stadt ihren Rhythmus. Zeit für einen letzten Schwatz an einer Gassenecke wie hier im Literatenviertel nahe der Plaza de Santa Ana ist immer. Die Straße als Form des Seins und als Schule des Lebens – mit dieser unendlichen Offenheit stecken die Madrilenen jeden an.

Essen ist Kult

Ach. So ein schöner Teller, aber ... gar nichts drauf? Gott sei Dank hat diese kleine Theaterszene rein gar nichts mit dem zu tun, was Sie in Madrid erwartet: gefüllte Teller. Mit allem, was Magen, Herz und Seele begehren. Kulinarische Klassiker, hohe Kochkunst, Tapas und dazu natürlich beste spanische Weine. Essen ist essenziell in dieser Stadt. Jeder redet darüber, immer in Tönen höchster Verehrung, als ginge es um die wichtigste Sparte der Schönen Künste. Sie werden es selbst erleben: Madrid besteht vor allem aus Märkten, Restaurants, Gastrobars, Tavernen, Bodegas, Bars und Terrassenlokalen. Gastronomie in allen nur denkbaren Varianten, von lokal und traditionell über experimentell bis zu international und universell. Also dann: zu Tisch und an den Tresen und immer auf die Teller gucken!

Raum für Kultur

Auch geistige Nahrung braucht der Mensch, Kultur in allen Facetten und Ausdrucksformen. Alternative Bühnen, Literaturcafés, junge Galerien oder Streetart im Stadtraum. Die großen Zentren des Madrider Kulturlebens sind das Matadero Madrid – wo sich auch mal ein Drummer die Finger wund üben kann – oder auch Conde Duque, CentroCentro oder La Tabacalera: Sie überbieten sich mit spannenden Ausstellungen, Konzerten, Filmen, Theater oder Lesungen. Jenseits der weltbekannten Kunstmuseen am Paseo del Prado sind sie Nahrung für die Seele der Stadt.

Ihr Madrid-Kompass

#4
Kultur und Kneipen – **im Literatenviertel**
#5
Weltklasseformat – **Museo Nacional del Prado**
dichten, debattieren, dekantieren
HO, HO, HOCHKARÄTIG
#6
Das junge, bunte Madrid – **Lavapiés**
So schön kann Globalisierung sein!
#7
Tempel der modernen Kunst – **Centro de Arte Reina Sofía**
Guernica? Picasso!
KÖNIGE BRAUCHEN WIR NICHT, NUR IHRE PARKS
#8
Zum Durchatmen – **Stadtpark El Retiro**
Der Schick liegt auf den Straßen
#9
Das Viertel der Noblesse – **Salamanca**
Publikums-Magnet
LAUFEN, SCHAUEN, KAUFEN
#11
Platz da! – **Rund um die Plaza de España**
#10
›Groß‹ und geschäftig – **Gran Vía**
4
5
6
7
8
9
10
11

Vom Platz der Proteste zum Platz der Feste – **Madrids Zentrum**

Da sind sie, diese urbane Energie, das Vibrieren in der Luft, pures Lebensgefühl. Wie die Herzschläge der Stadt, mal schneller und aufgeregt, mal gleichmäßig im Takt … Madrids Plätze sind Knotenpunkte des Lebens.

Auf Tuchfühlung mit Madrid gehen Sie also am besten auf der Puerta del Sol und der Plaza Mayor. Sol, so nennen die Stadtbewohner kurz ihren Sonnentorplatz, den geschäftigen Mittelpunkt der City. Nur ein paar Schritte entfernt liegt das ältere, mittelalterliche Pendant: einer der schönsten Plätze ganz Spaniens.

Ein gemütlicher Platz mit kuscheligen Cafés und Bars? Fehlanzeige! Auf der Puerta del Sol sind alle in Bewegung und es ist immer etwas los.

Viel Leben: der Platz des Sonnentors

Gewiss kennen Sie ihn aus den Medien, aus den TV-Nachrichten, und zwar als Platz der Proteste. Dass die Politik auf der Puerta del Sol im Fokus steht, hat Tradition. Hier wurde 1873 die Republik ausgerufen, die Erste, dann 1931 die Zweite, um nach einem grauenhaften Bürgerkrieg und einer schlimmen Diktatur doch wieder in der Monarchie zu enden. Heute ist die Puerta del Sol das Ziel aller Demonstrationen. Öffentlichkeitswirksam ist der Protest dort allemal, denn täglich passieren rund 250 000 bis 300 000 Menschen den Platz.

Beim Wort Sol denken Madrilenen aber nicht zuerst an Politik und Protest, sondern an die Metrostation. Aus ihren Schächten strömen ununterbrochen dichte Menschentrauben. Viele haben es eilig und würdigen die hübschen, in Vanillegelb gestrichenen Gebäudefassaden aus dem 19. Jh. mit keinem Blick. Nur das ehemalige Postgebäude, die **Casa de Correos** 1 mit dem markanten Uhrturm, ist älter. Zu ihren zwölf Glockenschlägen, die jeweils das neue Jahr einläuten, isst man zwölf Trauben – das bringt Glück! Der Ziegelsteinbau ist Sitz der Regionalregierung der Comunidad de Madrid. Im Straßenpflaster vor dem Eingang zeigt eine Metallplakette den Kilometer Null (Kilómetro 0) für alle spanischen Nationalstraßen an.

Auf der Puerta del Sol tut alle Welt laut kund, wo der Schuh drückt und was man von der Wirtschafts- und Sozialpolitik oder von korrupten und bestechlichen Politikern hält. GewerkschafterInnen, MitarbeiterInnen des Gesundheitswesens, Feministinnen machen ihrem Ärger regelmäßig Luft. Zuletzt gaben sich auch die Konservativen und Rechtspopulisten häufiger ein Stelldichein, sie machen Front gegen die Regierung.

Geschichte und Wahrzeichen

Benannt ist der Platz nach dem Sonnentor, das aber mitsamt der mittelalterlichen Stadtmauer abgerissen wurde. Sie lag übrigens unter dem heutigen Platzniveau – das wird klar, wenn man an der Ostseite zum unterirdischen Renfe-Bahnhof hinabsteigt. Grundmauerreste der **Iglesia del Buen Suceso** 2 (Kirche der Gnadenmutter) aus dem 16. Jh. wurden dort freigelegt. Sie sind nicht spektakulär, zeigen aber, wie viel Madrid im Laufe der Jahrhunderte an Höhe zugelegt hat.

Drei Wahrzeichen schmücken den Platz. Der gusseiserne **Bär (El Oso)** 3 am Eingang zur Calle de Alcalá ist das Wappentier der Stadt – Madrids Feministinnen beharren darauf, dass es sich um eine Bärin handelt. Hoch zu Ross thront **König Carlos III** 4 über der Puerta del Sol, der gern auch als bester Bürgermeister Madrids tituliert wird (allenfalls der Linkssozialist Enrique Tierno Galván war noch beliebter; vielleicht wegen seiner hübschen Radio-Morgenbotschaften für die Stadtbewohner, wie: Liebe Leute, nun lasst den Müll doch nicht einfach auf die Straße fallen, tut ihn in die Tonne, dann fühlen wir uns alle miteinander wohler). Carlos III war mehr auf der Jagd

Ein bärenstarkes Fotomotiv! Ein Selfie nach dem anderen wird vor dem Wahrzeichen »El Oso y el Madroño« geklickt. Der Bär (oso) nascht die Früchte des Erdbeerbaums (madroño). Lang ist's her, da gab es beides noch in Madrids Umgebung.

als in der Stadt, es waren wohl eher seine Minister, die Madrid mit Krankenhäusern und dem Kunstboulevard Paseo del Prado beglückten. Und dann gibt es auch noch die barbusige, marmorweiße **Mariblanca** 5, die wohl eine Venus oder eine Diana darstellen soll. Wenn Madrids Prostituierte demonstrieren, dann versammeln sie sich am liebsten vor der weißen Marie …

In der Südostecke der Puerta del Sol ist **Legends. The Home of Football** 6 das Ziel von Fuß-

INFOS/ÖFFNUNGSZEITEN

Tourist-Info: Plaza Mayor 27, T 915 78 78 10, tgl. 9.30–20.30 Uhr, offener WLAN-Zugang
Legends. The Home of Football 6: Carrera de San Jarónimo 2, https://legends.football, Mo–Fr 12–20.30, Sa, So 10–20.30 Uhr, Tickets: entradas.com oder T 902 48 84 88, ab 19,20 €

KULINARISCHES FÜR ZWISCHENDRIN

Das 1894 eröffnete **La Mallorquina** 1 (Puerta del Sol 8, www.pasteleriala mallorquina.es, tgl. 8.30–21 Uhr) zählt zu den Ikonen der Madrider Cafés und Konditoreien. An den Torten in den Fensterauslagen ist kaum ein Vorbeikommen. Die Pralinés und Kuchen der 1855 gegründeten **Pastelería El Riojano** 2 (Mayor 10, https://pasteleriaelriojano.com/, tgl. 9–21Uhr) können Sie ebenfalls an Ort und Stelle im Mini-Café probieren. Süßeste Kalorienbomben! Deftiger sind die frittierten Stockfischhäppchen *(bacalao)* und Kroketten der **Casa Labra** 3 (Tetuán 12, www.casalabra.es, tgl. 11–15.30, 18–23 Uhr), 1860 Gründungsort der Sozialistsischen Partei PSOE. Hier stehen die Leute Schlange.

EIN NETTER LADEN

Ein uriger alter Laden liegt hinter dem Torbogen zur Calle de Toledo auf der rechten Straßenseite. Die *alpargatas* (Espadrilles, Hanfschuhe) in allen Farben und Größen kosten in der **Alpargatería Casa Hernanz** 1 (www.casahernanz.es, Mo–Fr 9–13.30, 16.30–20, Sa 10–14 Uhr) ab 10 € das Paar. Gelegentlich stehen die Leute hier Schlange bis auf die Straße hinaus.

Cityplan: Karte 2, D–E 5–6 | **Metro** L 1, L 2, L 3, Sol

Ob König Felipe III, dem Madrid die harmonisch angelegte Plaza Mayor verdankt, von hoch oben stolz in das Rund der Laubengänge schaut?

ballfans. Im Haus des Fußballs spüren sie den großen Momenten, Menschen und Objekten der Fußballgeschichte nach.

Madrid open-air seit 500 Jahren

Alle Besucher zieht es auf die **Plaza Mayor,** Madrids mittelalterlichen Stadtplatz, und auch Sie kommen natürlich nicht daran vorbei. Schon die kurze **Calle de la Sal** mit alten Silberhandwerkern und Uhrmachern erinnert an alte Zeiten. Seit 1880 repariert man in Nr. 2 Uhren. Lustig ist die kleine Puppenfigur, der Uhrmacher über der Ladenfront, der alle Viertelstunde munter wird, wozu madrilenische Volksweisen ertönen. In der **Calle Postas** dagegen: Souvenirs.

Um den Platz gebührend zu bewundern, gönnen Sie sich ruhig mal einen Kaffee in einem der überteuerten **Terrassenlokale,** die rundherum Tische herausgestellt haben. Bis heute dient das Areal bei Sommerkonzerten und Stadtfesten als Open-Air-Bühne. Sonntagmorgens treffen sich unter den Arkaden die Briefmarken- und Münzensammler. Maler und Karikaturisten fertigen für Sie im Nu ein garantiert sehr individuelles Porträt. Und wenn in Madrid mal wieder ein internationales Fußballspiel ausgetragen wird, besetzen die Fans der Gastmannschaften den Platz. In der Adventszeit ist er Kulisse für einen Weihnachtsmarkt.

Früher gab es hier Heiligsprechungen und Stierkämpfe, Reitturniere und prunkvolle Theaterdarbietungen, die Tribunale der Inquisition und Exekutionen. Die letzte Hinrichtung fand übrigens im 19. Jh. statt. Bis zu 50 000 Zuschauer waren bei solchen Spektakeln dabei. 1620 wurde die Plaza Mayor mit der Seligsprechung des

Hinter Gittern thront in der Mitte der Plaza Mayor die **Reiterstatue von Felipe III** 7. Hinter Gittern? Sollten sie das Volk vor dem König beschützen oder umgekehrt? Wer weiß! Nicht allen gefiel das Denkmal, das 1616 in Florenz gegossen wurde. Während der Zweiten Republik gab es sogar ein Attentat auf den König, jemand steckte einen Sprengkörper in das Pferdemaul. So kam heraus, dass sich das Tier über die Jahrhunderte unzählige Vögel einverleibt hatte. Inzwischen sitzt der König auf einem Pferd mit geschlossenem Maul, und auch er selbst hält schon lange den Mund.

Ist der bekannteste der neun Torbogenzugänge zur Plaza Mayor ein Tor oder eine Straße? An einer Wand des **Arco de Cuchilleros** 10, unter dem Treppenstufen zur Calle de Cuchilleros hinunterführen, steht: »Calle de la Escalerilla de Piedra«, und demnach wäre die kurze Steintreppe eine Straße. Wenn auch nur eine klitzekleine. Aber immerhin groß genug, um die Adresse einer Taverne zu sein: **Las Cuevas de Luis Candelas.** Der Name erinnert an Madrids berühmtesten – und beliebtesten – Verbrecher des 19. Jh. Er wurde in Lavapiés geboren, beraubte die Reichen und gab den Armen. So war es recht, wenn auch nicht für die Obrigkeit!

Das ist wohl Madrids kürzeste Straße, die Calle de la Escalerilla de Piedra unterhalb der Plaza Mayor.

Stadtpatrons San Isidro eingeweiht. Den Entwurf hatte Juan de Herrera geliefert, der für die Habsburgerkönige auch den Escorial-Palast schuf. Aber 1790 musste der Platz nach verheerenden Bränden renoviert werden, das heutige Aussehen geht auf Juan Gómez de Mora zurück.

Die Loge der Könige

Wirklich malerisch ist das geschlossene Geviert von 120 x 100 m Länge mit Laubengängen und neun Torbögen. Um ein Gefühl für die Anlage zu bekommen, lohnt es durchaus, einmal jeden einzelnen Torbogen zu durchschreiten!

Das Bäckerhaus, die **Casa de la Panadería** 8 von 1672, ist das älteste Gebäude. Es war einmal, da hatten die Habsburgerkönige bei Festen und Spektakeln dort ihren Logenplatz – heute residiert hier die Touristeninformation. Die Türme mit Gaden und spitzen Helmen sind ganz typisch für die Repräsentationsbauten der Habsburger, das findet man häufiger in Madrid. Die Fresken der Fassade kamen erst 1992 hinzu: Sie sollen die mythische Vermählung von Erde und Wasser darstellen. Gegenüber liegt als eine Art Zwillingsbau das Fleischerhaus, die **Casa de la Carnicería** 9, in die ein Luxushotel eingezogen ist.

Souvenirs, Souvenirs

Unter den Arkaden reihen sich Restaurants und Geschäfte aneinander. Die alten Traditionsläden sind weitgehend verschwunden, bis auf ein paar Münzen- und Briefmarkenspezialisten. Geblieben sind die Ladenfassaden aus Holz, oft baskisch-rot oder jägergrün gestrichen, auch wenn dahinter nun Souvenirs verkauft werden.

Museales Mittelalter– **Barrio de los Austrias**

Tascas und Tabernas auf Schritt und Tritt in einem der malerischsten Winkel Madrids. In den krummen Altstadtgassen des Viertels der Habsburger rund um die Plaza Mayor erahnen Sie, wie Madrid im Mittelalter war.

Wenn Sie in der Calle Mayor, die früher mal die ›Hauptstraße‹ Madrids war, links den Gebäudeblock mit der Plaza Mayor passiert haben, laufen Sie gleich dahinter die abschüssige Gasse hinunter. Nicht ohne einen Blick auf den **Mercado de San Miguel** 1 zu werfen, eine durch zierliche Eisensäulen gegliederte Markthalle vom Beginn des 20. Jh. Innen weckt der Anblick der mediterranen Delikatessen ganz sicher Appetit.

Die Cavas entlang

Wirklich malerisch ist die Gasse, die an der Außenseite der Plaza Mayor in einem Bogen berg-

La Chata, so heißt die alte Taverne mit den wunderbaren Kacheln an der Cava Baja. La Chata war in Madrid der Spitzname für Prinzessin Isabel de Borbón, die Schwester von Alfonso XII. Sie war wegen ihrer Leidenschaft für den Stierkampf und für Feste aller Art beliebt. Auch Hipster mögen jetzt das Lokal.

INFOS/ÖFFNUNGSZEITEN

Iglesia de San Andrés 1: Mo–Sa 9–13, 18–20, So, Fei 9–13 Uhr
Museo de San Isidro. Los Orígenes de Madrid 2: www.madrid.es, Di–So 10–20, Mitte Juni–Mitte Sept. 10–19 Uhr, Eintritt frei
Colegiata de San Isidro 7: Calle Toledo, tgl. 7.30–14, 17–21, im Sommer 7.30–13, 19–21 Uhr

KULINARISCHES FÜR ZWISCHENDRIN

Im **Mercado de San Miguel** 1 (So–Do 10–24, Fr, Sa 10–1 Uhr) bieten die Essensstände allerlei Delikatessen. Zu unseren Favoriten in dieser Gegend gehört die **Casa Revuelta** 2 (Latoneros 3 und Cuchilleros 10, www. casarevuelta.com, Di–Sa 10.30–16, 20–23, So 10.30–16 Uhr, Ende Juli–Anf. Sept. geschl.): Mitten im touristischen Zentrum wirkt das Lokal bescheiden und altertümlich – im besten Sinne. Frittierte Stockfischhäppchen gehen als kulinarischer Begleiter von Bier und Wein über den Tresen.
Auf der Terrasse des **El Escaldón** 3 (Nuncio 17, https://escaldon.com, Mo–Mi 13.30–17, 19–24, Do 13.30–24, Fr, Sa 12.30–1, So 12.30–23.30 Uhr) schmeckt es wie in Teneriffa. Original kanarische Küche findet man nicht so oft in Madrid.

BEI NONNEN EINKAUFEN

Alles stammt aus Nonnenhand: Gebäck, Marmelade, Schokolade oder Naturseifen. Der kleine Laden **El Jardín del Convento** 1 (Cordón 1, www.eljardindelconvento.net, Di–So 11–14.30, 17.30–20.30 Uhr, im Aug. geschl.) liegt an der Rückseite des Carboneras-Klosters.

Cityplan: Karte 2, C/D 6/7 | **Metro** L 1, L 2, L 3 Sol ab führt. Im Mittelalter verlief hier ein Graben entlang einer Stadtmauer, woran noch der Name *cava* (de San Miguel) erinnert. Da die Fassaden an der linken Seite oben bündig mit der Bebauung der Plaza Mayor abschließen, gerieten die unteren Häuser für ihre Entstehungszeit erstaunlich hoch. In den Gewölben der Souterrains haben Tavernen und Gasthäuser teils stimmungsvolle Einrichtungen und sind bei Touristen sehr beliebt. Wo der Straßenbogen in die **Calle de Cuchilleros** übergeht, beginnt links ein Treppenaufgang aus Granit, der zur Plaza Mayor hochführt. Dann stoßen Sie auf die sonnenverwöhnten Lokalterrassen rund um die **Plaza Puerta Cerrada,** auch immer gut besucht.

Auf der anderen Seite geht es in die **Cava Baja.** Sie war mal Madrids Straße der Herbergen, der *posadas*, und daran erinnert das eine oder andere doppelflügelige Holztor, durch das die Kaufleute aus dem Umland samt Pferdedroschken in die Innenhöfe einfuhren. Heute ist die Cava Baja eine einzige Gourmetmeile. Ein Restaurant reiht sich ans andere, mit Holz- oder Kachelfassaden im traditionellen Madrider Stil. Wer die Wahl hat, hat die Qual, aber dort verhungert niemand.

Szeneviertel La Latina

Rund um die Kirche **Iglesia de San Andrés** 1 aus dem 17. Jh., in der naive Gemälde die Wundertaten des Heiligen Isidro zeigen, haben die Terrassenlokale des Szeneviertels **La Latina** reichlich Platz. In einem alten Adelspalast erinnert das der frühen Stadtgeschichte gewidmete **Museo de San Isidro** 2 an den Stadtpatron, dessen Glaube der Legende nach Berge versetzen konnte!

Auf der benachbarten **Plaza de la Paja,** dem ›Strohplatz‹, übergaben im Mittelalter die Landarbeiter den zehnten Teil ihrer Ernte an den Klerus, auch Stierkämpfe wurden auf dem abschüssigen Gelände ausgetragen. Jedenfalls ist diese *plaza* in der zubetonierten Stadt ein Exot: ein Staubplatz mit ein paar Bäumen und einer kleinen Gartenanlage aus dem 18. Jh., den **Jardines del Príncipe de Anglona** (Eintritt frei). In den Restaurants und Bars rundum werden auch Vegetarier fündig.

Ein kunsthistorisches Kleinod ist die im Stil der isabellinischen Gotik errichtete Bischofskapelle **Capilla del Obispo** 3. Sie birgt das aufwendige

In den Altstadtgassen rund um die Plaza Mayor saßen einst die Handwerkszünfte, die Königshaus, Adel und Bürger versorgten. Die Straßennamen erinnern daran: Messer und Degen gab es in der Calle de Cuchilleros, Körbe und Hanfschuhe in der Calle de Esparteros, Stickereien in der Calle de Bordadores … Mit kleinen Kachelbildern kombinierte Straßenschilder geben darüber Auskunft, welches Gewerbe einst in der Gasse tätig war.

Oh heiliger Wunderbrunnen! Nachdem der Sohn des Stadtpatrons San Isidro darin bereits ertrunken war, ließen ihn die inständigen Gebete des Vaters wieder lebend heraussteigen. Ausgestellt ist das mirakulöse Objekt im Museo de San Isidro.

Ach, ist das romantisch! Durch das Altstadtviertel bei der Plaza de la Villa streifen nachts die Szenegänger und die Liebenden.

Der leicht schiefe Turm der **Iglesia de San Pedro** mit seinen arabo-byzantinischen Fenstern steht vermutlich an der Stelle einer früheren Moschee. Sicher ist, dass in der Umgebung der heutigen Kirche nach der Rückeroberung Madrids durch die Christen eine kleine arabische Siedlung existierte. Der Name der **Calle de la Morería** erinnert daran. In *morería* steckt das Wort *moro*, das Maure bedeutet.

Alabastergrab eines Bischofs aus dem Adelsgeschlecht der Vargas. Nur ein paar Schritte sind es bis zur kleinen **Iglesia de San Pedro** 4 mit einem urtümlichen Glockenturm aus dem 14. Jh.

Mittelalter pur

Jenseits der Calle de Segovia, die in einer Senke zwischen zwei Hügeln verläuft und zum Fluss hinunterführt, geht es durch enge Gässchen hinauf zur **Plaza de la Villa.** Sie ist Madrids historischer Rathausplatz, und ihn umgibt ein repräsentatives Ensemble der Habsburgerarchitektur. Am ältesten ist die **Casa de los Lujanes** 5, ein Adelsanwesen des 15. Jh., gefolgt von der Casa de Cisneros aus dem 16. Jh. Das frühere Rathaus, die **Casa de la Villa** 6 von 1586–1696 (nicht zu besichtigen), erkennen Sie wiederum an den Türmen mit Gaden und spitzen Helmen – die Habsburgerkönige hatten einfach ein Faible für diese Architektur …

UM DIE ECKE

Madrids Stadtpatron San Isidro soll ein fleißiger und frommer Landarbeiter und Wundertäter gewesen sein. Was von ihm übrig blieb, ruht in einer handgeschmiedeten Silbertruhe in der **Colegiata de San Isidro** 7. Bis 1992 war sie Madrids provisorische Kathedrale. Das Vorbild dieser vom Jesuitenorden initiierten Kirche war übrigens Il Gesú in Rom. 1664 war der Barockbau mit tiefen Seitenkapellen und palastartiger Fassade fertig.

San Isidro, der Stadtpatron, ist alle Jahre wieder Anlass für ein fröhliches, buntes **Stadtfest.** Es findet am 15. Mai statt.

Ensemble royale – **Schloss, Kathedrale, Oper**

König Felipe VI lebt nicht in diesem Schloss. Er wohnt in einem kleineren Palast am Stadtrand, lediglich zu offiziellen Anlässen kommt er in den Palacio Real. Durch Schloss, Kathedrale und Königliche Oper wandert nun das Volk!

Der Prunk der Bourbonenkönige

Der erste Bourbonenkönig in Spanien, Felipe V, ließ den heutigen **Palacio Real** 1 auf der Anhöhe über dem Río Manzanares errichten, nachdem ein Vorgängerbau 1734 abgebrannt war. Er zeigt das Grundmuster eines spanischen Alcázars: Eine Vierflügelanlage aus Granit und Kalkstein, ca. 500 m lang und ebenso breit, rund um einen quadratischen Innenhof, mit einem Waffenhof vor dem Haupteingang. Im Palast schlendert man durch eine Flucht prunkvoller Säle mit kostbarem Mobiliar, Gemälden, Gobelins und den Dingen, die Spaniens Königen lieb und teuer waren.

Allein diese Dreckenfresken! Über der zweiläufigen **Treppe** prunkt ein Fresko von Conrado

Das Gitter ist golden und fest, dahinter wohnte der König. Jetzt stürmt alle Welt in den Palacio Real und darf gucken, wie das damals so war.

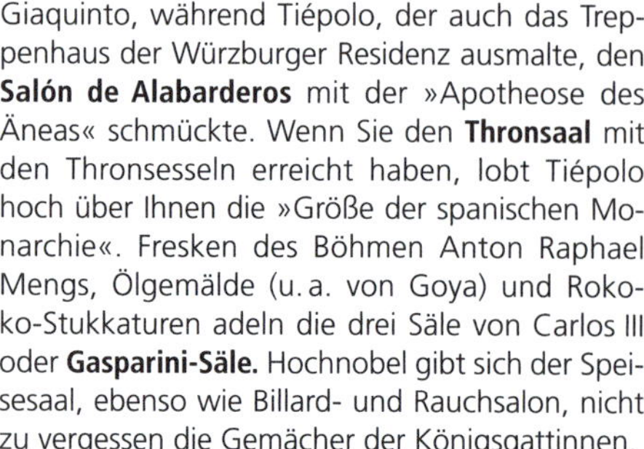

Giaquinto, während Tiépolo, der auch das Treppenhaus der Würzburger Residenz ausmalte, den **Salón de Alabarderos** mit der »Apotheose des Äneas« schmückte. Wenn Sie den **Thronsaal** mit den Thronsesseln erreicht haben, lobt Tiépolo hoch über Ihnen die »Größe der spanischen Monarchie«. Fresken des Böhmen Anton Raphael Mengs, Ölgemälde (u. a. von Goya) und Rokoko-Stukkaturen adeln die drei Säle von Carlos III oder **Gasparini-Säle.** Hochnobel gibt sich der Speisesaal, ebenso wie Billard- und Rauchsalon, nicht zu vergessen die Gemächer der Königsgattinnen.

Am Abhang unter dem Schloss und der Kathedrale steht mit der **Galería de las Colecciones Reales** 3 ein neuer, vielgelobter Museumsbau mit allem, was die Habsburger seit Karl V. und die Bourbonen seit Felipe V sammelten – von Kunst bis Kutschen. Ein paar Reste der arabischen Stadtmauer sind dort in situ erhalten.

Kirchenfestung auf arabischem Kern

Die **Catedral de Santa María la Real de la Almudena** 4 wurde erst 1993 fertig. Der helle Innenraum enthält aber einige historische Kunstwerke: das Retabel der Virgen de la Almudena, der Stadtpatronin Madrids (16. Jh.), den gotischen Sarkophag des Stadtpatrons San Isidro (13. Jh.), ein Retabel von Pedro Berruguete oder den Gekreuzigten im Altarraum von Juan de Mesa (1621). Zum Kathedralmuseum und der Aussichtskanzel im Turm geht es durch einen separaten Eingang.

Älter als der Hauptbau ist die **Krypta** 5 mit ihren rund 400 Säulen und den Gräbern und Privatkapellen adeliger und wohlhabender Madrider Bürger. Genau hier – so die Legende – soll ein Madonnenbildnis versteckt worden sein, als am Ende des 1. Jt. die Muslime von Andalusien Richtung kastilische Hochebene vordrangen. Alfonso VI fand es 1085 bei der Eroberung des Örtchens am Río Manzanares wieder – und wertete das als ein Zeichen des Himmels! Der Fundort lag bei der Krypta an der Cuesta de la Vega und gegenüber dem heutigen Park mit kargen Mauerresten der arabischen Siedlung.

Grüner Platz mit Opernhaus

Wie ein riesiger gepflegter Garten erstreckt sich die ruhige **Plaza de Oriente** zwischen der Schaufassade des Schlosses und Madrids Opernhaus. In der Mit-

Ob Kriege früher weniger schlimm waren? Was sagen dazu die Lanzen, Ritterrüstungen, Helme und Metallpanzer der Pferde in der **Real Armería** 2, der königlichen Waffensammlung? Dass Machtgier und Machterhalt auch schon vor Jahrhunderten ihre Todesopfer forderten. Nur waren die Waffen einfach schöner und vielleicht auch berechenbarer …

Etwa Mitte des 9. Jh. dürfte Madrid als Militärposten der nach Norden vordringenden Araber entstanden sein. Wenig erinnert daran. Die Mauerreste gegenüber der Krypta im **Parque del Emir Mohamed I** sind spärlich. Aber: ausgerechnet der Name der Stadtpatronin Almudena stammt deutlich vom arabischen *al mudayna* (= Stadt) ab.

INFOS/ÖFFNUNGSZEITEN

Palacio Real 1: www.patrimonionacional.es, Okt.–März tgl. 10–18, April–Sept. 10–20 Uhr; 12/6 €, Audioguide 3 €, Mo–Do 16–18, April–Sept. 17–19 Uhr für EU-Bürger Eintritt frei
Galería de las Colecciones Reales 3: www.galeriadelascoleccionesreales.es, Mo–Sa 10–20, So 10–19 Uhr, Einlass bis 45 Min. vor Schluss, 14/7 €, Audioguide 5 €
Kathedrale 4: www.catedraldelaalmudena.es, museocatedral.archimadrid.es, tgl. 9–20.30, Juli/Aug. 10–21 Uhr, Museum Mo–Sa (außer Fei) 10–14.30 Uhr, inkl. Sakristei, Kapitelsaal und Turmbesteigung 7/5 €; Krypta 5: tgl. 10–20 Uhr, Spende erbeten
Teatro Real 6: www.teatroreal.es, tgl. 10.30–13.30 Uhr, 8/7 €, Führungen um 10, 12, 13.30 Uhr, 10/8 €, Kinder bis 5 Jahre gratis

KULINARISCHES FÜR ZWISCHENDRIN

Von der Terrasse des **Café de Oriente** 1 (Mo–Fr 12–24, Sa, So 11–24 Uhr) hat man das Schloss bei Kuchen oder einem (sogar einigermaßen) günstigen Mittagsmenü im Blick. Mit Außenplätzen und günstigen Gerichten punktet auch **El Anciano Rey de los Vinos** 2 (Bailén 19, www.elancianoreydelosvinos.com, Mi–Mo ca. 9.30–23.45 Uhr).

PAUSE IM GRÜNEN

Sie brauchen eine Pause von der Stadt? **Jardines de Sabatini** und **Campo del Moro** sind gut dafür (► S. 84).

Cityplan: A–C 5/6 | Metro L 2, L 5 Ópera

te erhebt sich die Reiterstatue für König Felipe IV von 1640, zu der kein anderer als der berühmte Hofmaler Velázquez die Entwürfe gezeichnet hatte. Vor der Kulisse von Oper und Schloss üben schon mal Musikstudenten und bieten Gratiskonzerte …

Isabel II beauftragte 1831 in einer Zeit politischer Wirren den Bau des **Teatro Real** 6 (Königliches Theater) – ein unregelmäßiges Sechseck, granitgrau wie das Schloss, klassizistisch –, in dem Opern und Ballettinszenierungen auf die Bühne kommen.

UM DIE ECKE

Die kleine **Iglesia de San Nicolás** 7 ist Madrids älteste erhaltene Kirche, ihr Mudéjarturm stammt aus dem 12. Jh. Der Architekt des königlichen Escorial-Palastes, Juan de Herrera, hat hier sein Grab gefunden (Plaza de San Nicolás 6, ca. 8–11, 19–21 Uhr).

Eine merkwürdige Phalanx königlicher Statuen säumt die Seiten der **Plaza de Oriente.** Da stehen Namen wie Wilfredo el Beloso, gestorben 898, oder Ramiro I., gestorben 850. Diese ersten Fürsten und Könige der kleinen christlichen Reiche, die im Mittelalter im Norden der Iberischen Halbinsel entstanden, gelten als Väter des heutigen Spanien …

Kultur und Kneipen – **im Literatenviertel**

Der Stadtbezirk Huertas zwischen Carrera de San Jerónimo und Calle de Atocha trägt den klangvollen Namen Barrio de las Letras, Literatenviertel. Erinnerungen an große Dichter und Denker gibt es zuhauf, dazu Theater, museal anmutende Tavernen, jede Menge Kneipen und Musikclubs und Szenetreffs aller Art.

Die Literaten, Poeten und Fabulierer sind längst gestorben, doch der Jazz lebt weiter. Die Tradition verpflichtet halt, findet man im Café Central, in dem die Creme de la Creme des Jazz auftritt. Im Bild: Moisés P. Sánchez Quartett.

Gassen mit den Namen von Geistesgrößen und Schriftstellern, die hier mal gelebt haben: Der weltberühmte »Don Quijote«-Autor Miguel de Cervantes gehört dazu oder der ›spanische Shakespeare‹ Lope de Vega. Und weil ein Gläschen Wein das Dichten und Fabulieren beflügelt, sind im Literatenviertel wohl nicht zufällig einige der ältesten Tavernen der Stadt versammelt. Es ist ein Zentrum des Nachtlebens in Madrid.

Der Platz der heiligen Anna

Alle Wege beginnen und enden in Huertas auf der **Plaza de Santa Ana.** Der Name erinnert noch an ein Kloster, das Napoleons Bruder Joseph Bonaparte (genannt Pepe Botella, ► S. 70) abreißen ließ, während er Spanien für kurze Zeit regierte. Also können heute all die Bierlokale den geräumigen Platz für ihr Geschäft nutzen, und das läuft. Unter den Bars, deren Außenterrassen nachts voll besetzt sind, sticht die 1904 gegründete **Cervecería Alemana** 1 hervor. In der Deutschen Bierstube fließt allerdings spanisches Bier in die Gläser, und die dazu gereichten *raciones* und *tapas* sind ebenfalls typisch spanisch. Früher kehrten hier Stierkämpfer und Politiker, Intellektuelle und Schriftsteller ein, auch Ernest Hemingway saß hier schon die Stühle warm. Aber die Konkurrenz drumherum ist heute groß.

Eine Schmalseite nimmt das 1704 gegründete, 1802 im neoklassizistischen Stil erneuerte **Teatro Español** 1 ein. Das Gebäude gegenüber vom Anfang des 20. Jh., mit großen Fenstern und ›Leuchtturm‹ auf dem Dach, ist das **Hotel ME Madrid** 2. Dass wir uns hier in einer Gegend der Dichtung und des Theaters befinden, zeigen auch die beiden Skulpturen auf dem Platz: Der andalusische Dichter **Federico García Lorca** 3 steht vor dem Teatro Español und der Dramatiker **Calderón de la Barca** 4 sitzt vor dem Hotel.

Auf den Spuren der Dichter

Beim Bummel durch die Hauptstraße des Viertels, die **Calle de las Huertas** 6, die zur Kunstmeile Paseo del Prado hinunterführt, schauen Sie bitte mal vor die Füße! Dichterzitate im Straßenpflaster erinnern an die Zeiten, in denen hier Cervantes, Lope de Vega und andere Geistesgrößen lebten.

Der Vielschreiber Lope de Vega bewohnte mit seinen sieben Kindern – ein in jeder Hinsicht produktiver Mann! – die **Casa-Museo de Lope de Vega** 7 mit dem Interieur einer Stadtwohnung des 17. Jh. In der nach Lope de Vega benannten Straße befindet sich die **Iglesia de las Trinitarias Descalzas** 8, in der ziemlich sicher sein Dichterkollege Cervantes seine letzte Ruhestätte gefunden hat. Ein Grabstein in der Kirche hält das so fest (jeweils 30 Min. vor Beginn der Messe Mo–Mi ab 8, Do ab 19, Fr ab 8 u. 19, Sa ab 19, So, Fei ab 11.30 Uhr).

Im renommierten Teatro Español, mitten im Literatenviertel, stehen seit immerhin dreihundert Jahren die spanischen Klassiker auf dem Programm.

Die Madrilenen waren schon immer theaterversessen. Ein Vorläufer des heutigen **Teatro Español** (Spanisches Theater) war einer der alten offenen Theaterhöfe *(corrales de comedias)*, in denen seit dem 16. Jh. Stücke zur Erbauung der Stadtbewohner aufgeführt wurden. Ein paar Meter entfernt wurde ein weiteres spektakuläres Theater vom Beginn des 19. Jh. renoviert: Das **Teatro de la Comedia** 5 ist Sitz der Compañía Nacional de Teatro Clásico (Calle del Príncipe 14).

INFOS/ÖFFNUNGSZEITEN

Cervecería Alemana 1: Plaza de Santa Ana 6, tgl. 12–24 Uhr
Casa Alberto 2: Huertas 18, Di–Sa 12–23, So 12–16 Uhr, im Aug. drei Wochen geschl.
La Venencia 3: Echegaray 7, tgl. 12.30–15.30, 19.30–24 Uhr
Viva Madrid 4: Manuel Fernández y González 7, Di–Do 18–2, Fr, Sa 12–2.30, So 12–1 Uhr
Casa-Museo de Lope de Vega 7: Cervantes 11, www.casamuseolopede vega.org, Di–So 10–18 Uhr, Gratis-Führungen alle 30 Min.
Ateneo de Madrid 9: Prado 21, www.ateneodemadrd.com, tgl. außer Fei 9–22/23 Uhr

WEITERE TIPPS FÜR DEN ABEND

Der **Tablao Flamenco 1911** 5 (Plaza de Santa Ana 15, www.tablaofla menco1911.com, ► S. 108) hat sich auf Flamenco spezialisiert. Das Hotel ME Madrid hat eine der schönsten Dachterrassen Madrids: In der **Radio ME Madrid Rooftop Bar** 6 (Mi–So 20–2 Uhr, Sa, So 15 € inkl. Getränk, sonst Eintritt frei) nippt man an Cocktails und hört dazu Musik. Nicht nur für Jazz-Fans ist das alteingesessene **Café Central** 7 eine empfehlenswerte Adresse; tagsüber gibt es sogar einen Mittagstisch (► S. 106).

KULINARISCHES FÜR ZWISCHENDRIN

Die **Casa González** 1 (León 12, www.casagonzalez.es, Mo–Sa 10–24, So 11–24 Uhr, Juli/Aug. nur Mo–Sa ab 18 Uhr), Delikatessenladen, Café und Esslokal in einem, setzt ihre Arbeit als Familienbetrieb (seit 1931) schon in der dritten Generation fort. Da schauen auch die Nachbarn vorbei, auf ein Glas Wein und eine Tapa oder um eine Kleinigkeit einzukaufen. *Raciones* und warme Gerichte, €–€€.
La Cantina del Ateneo 2 (Santa Catalina 10, https://lacantinadelateneo.com, Mo–Fr 9–1, Sa, Fei 12–1, So 12–19 Uhr, Essen €–€€) gehört als Gastro-Bereich zum historischen Athenäum. Frühstücken, die mediterrane Küche probieren, ein paar Tapas oder einen Aperitif bestellen, alles ist möglich. Freitag gibt es mittags Madrider Eintopf *(cocido madrileño)*.

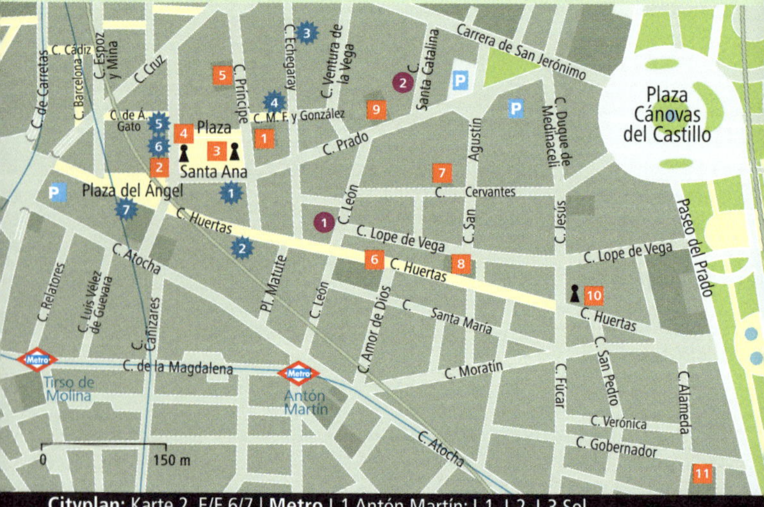

Cityplan: Karte 2, E/F 6/7 | Metro L 1 Antón Martín; L 1, L 2, L 3 Sol

Eine altehrwürdige private Kulturinstitution, 1820 gegründet, ist der **Ateneo de Madrid** 9 – mit einem Café-Restaurant. Das Athenäum fördert Kunst, Wissenschaft und Literatur, dort traf sich schon immer die intellektuelle Elite der Stadt zu ihren *tertulias*, den Debatten über Politik und Kultur und über Gott und die Welt. Die fanden und finden in der schönen Sala de la Cacharrería statt.

Bilderbuchtavernen

In der zur Fußgängerzone umgestalteten Calle Huertas müssen Sie unbedingt die **Casa Alberto** 2 von 1827 suchen. In dem Haus lebte Anfang des 17. Jh. der Dichter Miguel de Cervantes, und das Lokal ist ein historisches Schmuckstück mit Holzverkleidung, Stuckdecken und einer Theke aus Marmor und Zink. Bis heute gibt es hier noch den Typus des spanischen Kellners, der sich mit schwarzer Fliege und weißem Kittel ganz dem Dienst am Kunden verschrieben hat, aber auch mal unmissverständlich klarstellt, wer das Sagen hat: ein Lokal wie aus Urgroßvaters Zeiten. Der Wein wird aus Fässern in Karaffen abgezapft, dazu schmecken die typisch spanischen Tapas.

Noch musealer oder sogar ein bisschen morbide wirkt **La Venencia** 3: Vergilbte, verrauchte Stierkampfplakate an den Wänden, der *vinito* (Weinchen), den man hier ordert, kommt aus Jerez und ist ein Sherry, den es wahlweise als trockenen *fino* oder *manzanilla* gibt; dazu Oliven, Käse oder getrockneter Thunfisch. Den Verzehr notiert der Wirt mit Kreide auf der Holztheke …

Ein Genuss für die Augen, von der alten *azulejos*-Fassade bis zum Interieur, ist die Cocktailbar **Viva Madrid** 4, seit langem ein stadtbekannter Treffpunkt der Jung-Bohème mit guten Tapas.

UM DIE ECKE

Das Literatenviertel reicht bis zur Kunstachse Paseo del Prado. Dort liegt das **CaixaForum** 11, ein Industriedenkmal, das Herzog & de Meuron zu einem imposanten Kulturzentrum umgestalteten. Der **hängende Garten** am Nachbarhaus perfektioniert das Ensemble. Die Ausstellungen sind oft hochkarätig. Schöne Ausstellungsräume bietet auch das benachbarte ehemalige Sägewerk **Serrería Belga** (Alameda 15).

Terraceo, draußen sitzen, das tut man auf den Plätzen des Literatenviertels fast das ganze Jahr. Ebenso wie in den Gassen Cádiz, Barcelona oder Álvarez Gato, von Madrilenen meist einfach Katergässchen genannt (*gato* = Kater). Dort hängen an der Fassade der Taverne **Las Bravas** konvexe und konkave Spiegel. Schauen Sie darin auch so ›verkatert‹ aus?

Perro Paco, Hund Paco, so nannten die Madrilenen im 19. Jh. einen herrenlos im Literatenviertel herumstreunenden Straßenköter, der beliebt war wie ein guter Bekannter. Ganze Bücher widmete man ihm, er kam in Theaterstücken vor, war Zeitungsnotizen wert. Eines Nachmittags ging er zum Stierkampf, sprang in die Arena und wurde vom *torero* niedergestochen. Seit 2023 sitzt Perro Paco 10 in der Calle Huertas auf der Höhe von Nr. 71, leider nur als Skulptur.

Weltklasseformat – **Museo Nacional del Prado**

Ein Museum, das die Herzen kunstbegeisterter Menschen aus aller Welt höher schlagen lässt. Das mit der Wucht der Bilder von Velázquez, Goya und El Greco die gesamte Kunstszene anzieht. Diese Meisterwerke, dazu ein Querschnitt bester europäischer Malerei vom Mittelalter bis ins 19. Jh. sind es, weswegen sich oft geduldige Warteschlangen am Paseo del Prado bilden.

Da sitzt der Maler mit Pinsel und Farbpalette und ruht zufrieden aus. Was inzwischen sein gutes Recht ist. Denn zu Velázquez' Werken strömen die Spanier auch heute noch.

Madrids ganzer Stolz: Der Prado zählt zu den berühmtesten Pinakotheken der Welt. Sein Grundstock sind die Gemäldesammlungen der spanischen Könige. 1819 hatte Fernando VII beschlossen, in dem von Juan de Villanueva errichteten neoklassizistischen Bau, dem **Edificio**

de Villanueva 1, quasi seinen privaten Louvre unterzubringen. Zum öffentlichen Nationalmuseum wurde der Prado nach der Entthronisierung von Königin Isabel II – in einer Zeit politischer Wirren – und ihrer Flucht ins Exil im Jahr 1868.

Neben einer Werkschau der spanischen Hofmaler, allen voran Velázquez und Goya, zeigt das Museum ein Panorama der europäischen Kunst, wobei italienische, flämische und spanische Malerei dominieren. Raffael, Tizian, Tintoretto sowie Hieronymus Bosch, Rembrandt, Rubens – die großen Namen der Malereigeschichte sind vertreten. Und auch diejenigen der Künstler des spanischen Goldenen Zeitalters *(siglo de oro)* wie El Greco.

Die Publikumsmagneten ...

Nicht nur weil die Saalzählung im Hauptgeschoss des Edificio de Villanueva beginnt, sondern auch, weil hier im 1. Stock die großen Meister der spanischen Malerei zu finden sind, macht es Sinn, den Rundgang über den Treppenaufgang an der Nordseite (Puerta de Goya) zu beginnen. Die Abteilung der italienischen Malerei präsentiert u. a. Werke von **Tintoretto** und von **Tizian,** der Karl V. mehrfach porträtierte, so in seinem berühmten Gemälde »Kaiser Karl V. nach der Schlacht bei Mühlberg«. Karl V., so heißt es, habe Tizian derart verehrt, dass er ihm einmal sogar den heruntergefallenen Pinsel aufhob.

Die schlauchartige Galerie zeigt **spanische Barockkunst,** darunter von Jusepe de Ribera, El Greco, Velázquez oder Murillo. Seitlich der Galerie staffeln sich Saalfolgen mit flämischer Malerei des 17. Jh., u. a. von **Rembrandt** und **Rubens,** und spanischer Malerei des Goldenen Zeitalters.

El Greco, ›der Grieche‹, der aus Kreta stammte, aber ab 1577 in Spanien lebte, entwickelte eine ganz eigene Bildsprache und eine für seine Zeit moderne Malweise: Die Figuren seiner tiefreligiösen Gemälde wirken irgendwie verzerrt, in die Länge gezogen – und dadurch entrückt.

Rund um den Polygon (Saal 12) findet sich die einzigartige Werkschau des Hofmalers **Diego de Velázquez y Silva** (1599–1660). Vor »Las Meninas« (Hofdamen) halten Kunstfans besonders lange inne: eine Szene am Hof des Habsburgerkönigs Felipe IV, im Bild die Tochter des Königs, ihre Hofdamen und ein Hofnarr sowie der Maler

Jährlich strömen rund 3 Mio. Menschen in den Prado und zu seinen hochkarätigen Sonderausstellungen. Die Zeiten, in denen zu solchen Anlässen das ganze Museum umgeräumt werden musste, sind vorbei, seit der Erweiterungsbau **Edificio Jerónimos** 2 mit rund 2000 m² Fläche errichtet wurde. Der Name erinnert an ein Hieronymitenkloster, von dem ein baufälliger Kreuzgang verblieben war. Stein für Stein wurde er abgetragen und oben im Neubau wieder aufgebaut. Die schlichte, kantige Form und die Ziegelbauweise des auch *cubo* genannten Edificio Jerónimos sind typisch für die Formensprache des spanischen Architekten Rafael Moneo. Sein ›Kubus‹ schuf Raum für Ausstellungen, ein Restaurant und den Museumsshop sowie zusätzlichen Lagerraum für Bilder. Der Durchgang zum Hauptgebäude befindet sich unten in dessen Mitteltrakt.

selbst. Daneben erleben wir Porträts von Felipe IV und seiner Gemahlin Maria Anna von Österreich, feinfühlige Darstellungen von Hofnarren und Zwergen, die sich die Habsburger ›hielten‹, das frühe Historiengemälde »Die Übergabe von Breda« oder wunderbar volkstümliche Szenen wie »Der Trinker« und »Die Spinnerinnen«.

INFOS/ÖFFNUNGSZEITEN

Prado 1: Paseo del Prado s/n, T 910 68 30 01, www.museodelprado.es, Metro: L1 Estación del Arte, L2 Banco de España
Öffnungszeiten: Mo–Sa 10–20, So, Fei 10–19 Uhr, 6. Jan., 24. u. 31. Dez. 10–14 Uhr, 1. Jan., 1. Mai u. 25. Dez. geschl.
Eintritt: 15/7,50 €, Kombiticket ›Paseo del Arte‹ 32 €; Audioguide 5 €; Vorverkauf im Internet unter https://entradas.museodelprado.es; gratis Mo–Sa 18–20, So, Fei 17–19 Uhr sowie für Kinder unter 18 und Studenten unter 25 Jahren
Eingänge: An der Nordseite durch die Puerta de Goya (1. Stock), wo sich auch die Kassen befinden, und Jerónimos-Eingang im Erdgeschoss des Neubaus an der Rückseite des Prado

Museumspläne: Ein QR-Code oder die Website führen zu einem aktuellen Pradoplan in mehreren Sprachen. Er bietet neben einem Grundriss mit allen Sälen und einem Farbleitsystem für die einzelnen Sammlungskomplexe auch genaue Hinweise, wo die von Besuchern meistgesuchten Werke hängen.

KULINARISCHES FÜR ZWISCHENDRIN

Fürs leibliche Wohl sorgt im Museum das **Café Prado** 1. Zum Entspannen gut ist die Terrasse des Café-Restaurants **El Botánico** 2 (Ruiz de Alarcón 27, https://restaurantebotanico.com, tgl. 11–24 Uhr, €–€€) oberhalb des Prados und mit Blick auf den Prado und den Zaun des Botanischen Gartens. Gleich daneben liegt das **Café Murillo** 3 (Ruiz de Alarcón 27, https://murillocafe.com, Mo–Sa 12–24, So 10–17.30 Uhr, €–€€), das Fusion-Bistroküche serviert. Zum Frühstücken oder für eine Zwischenmahlzeit ist das **Plenti** 4 (Moreto 17, www.plentimadrid.es, Mi–Mo 9/10–17/18 Uhr, €) beliebt: Toast, Müsli, Eigerichte, Salate … Wer den Real Jardín Botánico an der Südseite des Prado ohnehin besuchen möchte (Eintritt, ► S. 84), findet dort an der Ostseite ein **Café im Pabellón Villanueva** 5. Tapas des Sternekochs Paco Roncero gibt es im **Estado Puro** 6 unten im Hotel NH Paseo del Prado (Plaza Cánovas del Castillo 4, https://tapasenestadopuro.com, tgl. 12–24 Uhr, €€, mit Außenterrasse). Auch in der **Cafetería des Museo Thyssen-Bornemisza** 7 sitzt man sehr angenehm, drinnen wie draußen.

Cityplan: F/G 6 | **Metro** L 1 Estación del Arte, Atocha; L 2 Banco de España

Das schöne Leben des Adels, Einklang mit der Natur, Zukunftszuversicht – das prägt Goyas Frühwerk wie »Der Sonnenschirm« (El Quitasol) von 1777. Erst am Ende seines Lebens wird es düster. Da war alle Zuversicht verflogen.

Am Ende der Galerie leitet der achtseitige Saal 32 in den Südtrakt über, der auf drei Stockwerken das Œuvre des 1799 zum Hofmaler Carlos' IV berufenen **Francisco de Goya y Lucientes** präsentiert. Es lohnt sich, »Die Familie Karls IV.« zu studieren, den Kontrast zwischen königlichen Kleidern und dumm-dreisten Visagen. Und am Bildrand steht der Hofmaler höchstselbst. Goya, der als Wegbereiter der Moderne gilt, überwältigt durch seine Vielseitigkeit und Tiefe. Publikumsmagneten sind die Bilder der Herzogin von Alba, die »Nackte Maja«, die es gleich daneben als bekleidete Version gibt – aber mit deutlich weniger subtilem Gesichtsausdruck.

Ganz anders ist der Goya der Teppichkartons, der fröhlichen Lebensszenen und bunten Reigen im oberen Stockwerk. Schließlich können Sie den Goya der ›schwarzen‹ Visionen *(pinturas negras)* in Bildern wie »Hexensabbat« oder »Saturn verschlingt einen seiner Söhne« entdecken – unten im Erdgeschoss. Dort hängen auch die eindringlichen Ereignisschilderungen anlässlich des Kampfes der Madrider gegen Napoleons Soldaten im Jahr 1808. Diese Bilder stehen am Übergang zur Sektion der Malerei des 19. Jh.

Jede Menge Kleinode im Erdgeschoss

Dem Italiener **Raffael** gehört die untere Galerie mit einem Kardinalwerk, nämlich »Der Kardinal«. In der flämischen und deutschen Sektion im Erdgeschoss entdecken Sie Kostbarkeiten wie »Der Garten der Lüste« und »Die sieben Todsünden« von **Hieronymus Bosch** (span. El Bosco) oder von **Albrecht Dürer** »Adam und Eva« sowie von **Hans Baldung Grien** »Die drei Lebensalter und der Tod«.

Der nördliche Bereich im Erdgeschoss zeigt schwerpunktmäßig **Kirchenkunst,** eine Reihe goti-

Mona Lisa im Prado? Ja, es gibt sie, in Raum 56B im Erdgeschoss. Tatsächlich, das Bild heißt auch so: Mona Lisa. Es stammt von einem Schüler Leonardo da Vincis, wurde 1509–13 gefertigt und ist eine Kopie des berühmtesten aller Gemälde im Pariser Louvre. Es gibt kleine Unterschiede, etwa ist die Landschaft im Hintergrund des Frauenporträts nicht vollendet. Aber dieses Lächeln gibt es nur einmal auf der ganzen Welt, das Lächeln der Mona Lisa …

In San Jerónimo el Real werden seit dem Mittelalter Spaniens Könige offiziell gekrönt. Die Kirche steht etwas erhöht gleich neben dem Prado-Museum.

scher Retabeln und Triptychons. Bezaubernd sind die originalen romanischen Fresken aus den kastilischen Einsiedeleien San Baudelio de Berlanga (12. Jh.) und Santa Cruz de Maderuelo (13. Jh.).

Der Prado

Die Gegend vom Stadtboulevard Paseo del Prado, an dem unweit des Prado-Museums auch das großartige **Museo Thyssen-Bornemisza** 3 (► S. 81) liegt, bis hinüber zum weitläufigen Stadtpark El Retiro (► S. 49) wurde von der UNESCO unter dem Namen ›Landschaft des Lichtes‹ (► S. 6) zum Weltkulturerbe erklärt. Dazu gehört auch die **Iglesia de San Jerónimo el Real** 4 (Juli–Mitte Sept 10–13, 18–20.30, sonst 10–13, 17–20 Uhr), das Relikt eines Hieronymitenklosters von 1503. Der Kreuzgang wurde ins Prado-Museum integriert, oben im Edificio de los Jerónimos. Im ›königlichen‹ Gotteshaus wurden und werden Spaniens Könige gekrönt. Der jetzige König Felipe VI hat auf diese Zeremonie allerdings verzichtet.

Etwas weiter hügelauf steht der im Unabhängigkeitskrieg von den Franzosen zerstörte **Casón del Buen Retiro** 5. Er war Teil des Palacio del Buen Retiro, des einstigen Sommer- und Vergnügungspalastes der spanischen Könige, und ist heute eine Dependance des Prado-Museums. Das gleiche gilt für den **Salón de Reinos** 6, den einst für Zeremonien und Feste genutzten ›Saal der Königreiche‹. Nach seiner grundlegenden Sanierung wird der Prado diesen Trakt des ehemaligen Palastes für Ausstellungen nutzen.

Das junge, bunte Madrid – **Lavapiés**

Raus aus der Metrostation – hinein in ein kosmopolitisches Viertel. Lavapiés war mal der Barrio der kleinen Leute und gutnachbarschaftlichen Beziehungen, irgendwie ein Dorf. Inzwischen ist es die jüngste und vitalste Stadtgegend. Alternative Formen in Kultur und urbanem Leben werden hier geboren und gelebt.

45 000 Menschen, 100 Nationen, fast jeder Dritte hat einen Migrationshintergrund. Neben Spanisch hört man jede Menge anderer Sprachen. In Madrids Einwandererviertel schlagen sich die Neuankömmlinge mit Lädchen oder fliegendem Handel durch. Auch die jungen Madrilenen im *barrio* suchen ihren Weg durch kreativen Kleinkommerz – Buchhandlungen, Mini-Boutiquen, Cafés, Bio-Läden, Kunsthandwerk –, und eine neue Generation von Kulturschaffenden versucht sich in Theater oder Galerien. Gleichzeitig ist die Gentrifizierung ein akutes Thema, das Viertel hat längst das Interesse der Immobilienspekulanten geweckt, die lieber an Touristen oder Bessersituierte vermieten.

In Lavapiés macht jeder, was er will – und abends treffen sich alle zum Rudelschwatz, sei es auf der Plaza de Arturo Barea bei den Escuelas Pías de San Fernando (s. Foto) oder in der Calle Argumosa.

Der Platz soll bleiben, das Gemüse auch.

Esta es una plaza! – Dies ist ein Platz! In der **Calle Doctor Fourquet 24** 4 macht sich hinter einer mit Graffiti bemalten Mauer jede Menge wildes, ländliches Ambiente breit. Das Gelände hatten die *vecinos*, die Nachbarn, nach dem Abriss einiger maroder Häuser sofort in Besitz genommen. Jetzt verteidigen sie ihr Terrain gegen alle Ambitionen, den kostbaren Boden wieder zu bebauen. Denn für die *vecinos* ist der Platz *auch* kostbar, auf ihm wachsen Gemüse und Blumen, Jugendliche haben einen Treffpunkt, Kinder Raum zum Spielen, es wird gewerkelt, Theater gespielt, Musik gemacht. Info: estaesunaplaza.blogspot.com.es, meist nachmittags und an Wochenenden offen.

Neuralgisches Zentrum

Die dreieckige Plaza de Lavapiés ist immer belebt – hier zeigt sich die ganze Völkervielfalt des *barrio*. Die platznahe untere Calle de Lavapiés gehört den indischen Restaurants. Aufgehübschte Fassaden, hinter denen sich viel Bausubstanz des 17.–19. Jh. verbirgt, säumen alle hoch zum Literatenviertel führenden Wege. Das alte **Nuevo Café Barbieri** 1 mit hundertjährigen Interieurs wie vom Flohmarkt ist ein beliebter Szenetreff.

An der unteren Platzspitze fällt ein moderner Betonblock auf, der übrigens mit einem Architekturpreis ausgezeichnet worden ist. Wichtiger ist, was im Innern passiert, denn auf der Bühne des **Teatro Valle-Inclán** 1 tritt eines der besten Theater Madrids auf, der Centro Dramático Nacional.

Das ›Wohnzimmer‹ des *barrio* ist die **Calle Argumosa** 2 mit ausladenden Bürgersteigen unter Schatten spendenden Bäumen, voll mit den Tischen und Stühlen einer bunten Gastro- und Kneipenszene. »Strand von Lavapies« nennen die Madrilenen den Boulevard.

Die Straße führt hinunter zum Centro de Arte Reina Sofia (▶ S. 45), und es ist vielleicht diese Nähe zur großen zeitgenössischen Kunst, die in der oberen, inzwischen aber auch in dem nach unten führenden Abschnitt der **Calle Doctor Fourquet** 3 junge Galerien aus dem Boden sprießen ließ. Darunter diejenige von Helga Alvear (Nr. 12), eine international bekannte Förderin moderner Kunst.

Corralas und Bürgerkriegsruinen

So lebte man einst in Lavapiés: Die **Corralas** 5 bestehen aus kompakten Mietwohnungen rund um einen Hof, mit Eingängen an den umlaufenden Galerien und einem Brunnen im Patio. Nun sind die alten Corralas fast alle verschwunden, aber an der Calle Mesón de Paredes stehen Reste dieses Haustyps aus dem 18. Jh.

Die **Plaza Arturo Barea** vor der oben erwähnten Corrala wurde nach einem Schriftsteller benannt, der aus Lavapiés stammte und ein paar Jahre genau gegenüber in den Escuelas Pías de San Fernando zur Schule ging. In seiner Trilogie »La forja de un rebelde« (Rebellenschmiede) beschreibt er das Leben in diesem Viertel der Arbeiter und Armen. Während der Diktatur musste Barea das Land verlassen, er starb 1957 im Exil.

INFOS/ÖFFNUNGSZEITEN

La Tabacalera 9: Embajadores 53, www.latabacalera.net, www.promociondelarte.com, vorübergehend wegen Renovierung geschl., Zeitpunkt der Wiedereröffnung zum Redaktionsschluss (Jan. 2024) unklar

La Casa Encendida 10: Ronda de Valencia 2, www.lacasaencendida.es, Di–So 10–22 Uhr

Nuevo Café Barbieri 1: Ave María 46, cafebarbieri.es, Mo–Do 8–1, Fr 8–2, Sa 9–2, So 9–1 Uhr

KULINARISCHES FÜR ZWISCHENDRIN

Das winzige, hübsch gekachelte **El Boquerón** 1 (Valencia 14, Mo, Di, Do–Sa 12–16, 19–23, So 12–16 Uhr, Aug. geschl.) ist ein Urgestein des *barrio*. Die Gambas, Austern, Entenmuscheln oder Seespinnen sind frisch, gut und günstig. Auch die galicische Traditionsküche im **Portomarín** 2 (Valencia 4, www.restauranteportomarin.es, tgl. 8–24 Uhr, €) ist so beliebt, dass man an Wochenenden in dem Stimmengewirr sein eigenes Wort nicht mehr versteht. Nach Arturo Barea, einem republikanischen Schriftsteller aus Lavapiés, benannte sich die **Tasca Barea** 3 (Rodas 2, https://tascabarea.wixsite.com, Mo–Mi 19–24, Do 19.30–1, Fr 19–2, Sa 12.30–2, So 12.30–18 Uhr, €). Das Ambiente einer alten madrilenischen Taverne passt zum Gebäude aus dem 19. Jh., und die Tapas sind gut.

MARKTHALLEN & MEHR

Der **Mercado de San Fernando** 1 (https://mercadodesanfernando.es, Di–Sa 9–22, So 11–18 Uhr) hat sich zum Hotspot mit Lebensmitteln, Tapas-Bars, Kunsthandwerk und Kleidung entwickelt. Die ganze Fülle spanischer Delikatessen, Bio-Produkte und liebevoll geführte Esslokale gibt es auch im **Mercado de Antón Martín** 2 (Santa Isabel 5, www.mercadoantonmartin.com, Mo–Sa 9–21 Uhr).

Cityplan: D/E 7/8 | Metro L 3 Lavapiés

Lavapiés heißt Fußwäscher – wieso, warum, weshalb ist unklar. Gab es auf dem Fußwäscherplatz mal einen Brunnen, in dem sich die Leute die Füße wuschen? Oder taten sie das in den kleinen Rinnsalen, in denen die Haushaltsabwässer den Hügel hinunterflossen, bevor es eine Kanalisation gab? Sicher ist: Die verbreitete These, Lavapiés sei ursprünglich ein jüdisches Viertel gewesen, ist nicht haltbar. Lange bevor es hier eine Siedlung gab, waren die spanischen Juden schon aus dem Land vertrieben worden. Nach Lavapiés zogen vor allem Migranten aus den spanischen Provinzen, die in der Stadt ein Auskommen suchten. So wie heute Menschen aus aller Welt!

Auch blaue Haare gehören in Lavapiés zum guten Ton. Zumindest in der Szene der Anpassungsverweigerer und jungen Künstler. Und das zeigen sie in den Wandbildern der Calle Miguel de Servet.

Von den **Escuelas Pías de San Fernando** 6 aus dem 17. Jh. blieb eine Ruine. Republikanisch gesinnte Madrilenen hatten die Kirche 1936 in Brand gesteckt, aus Wut über den Klerus, der mit dem faschistischen General Franco sympathisierte. Erst 2006 hauchte man dem Mahnmal des Bürgerkriegs neues Leben ein, im Souterrain ist jetzt die schöne Bibliothek der Fernuniversität UNED untergebracht. In ihren Räumlichkeiten zu lesen und zu studieren ist etwas Besonderes. Ein Denkmal auf dem Platz vor der Kirche ehrt den mexikanischen Komponisten **Agustín Lara** 7. Mit seinem Lied »Madrid, Madrid, Madrid« hat er sich in die Herzen der Madrilenen gesungen, sie lieben ihn so sehr, dass sie ihm mal eine Mütze aufsetzen, mal einen Schal umhängen …

Ein Stück die Mesón de Paredes hoch wurde 2014 ein Platz nach **Nelson Mandela** 8 benannt. Vielleicht halten sich deswegen die Schwarzafrikaner von Lavapiés dort besonders zahlreich auf.

Zentren der Alternativkultur

Ganz Lavapiés scheint eine eigene, alternative Kultur zu leben. In konzentrierter Form greifbar ist das in der alten Tabakfabrik, **La Tabacalera** 9, die 2024 wegen Renovierungsarbeiten geschlossen wurde. Sie nimmt mit mehreren Innenhöfen einen ganzen Häuserblock ein, dessen Mauer zur Calle Miguel Servet mit Graffitis bemalt ist. Das Industriedenkmal aus dem 17. Jh. teilen sich einvernehmlich das Madrider Kultusministerium und die Alternativszene. Der hügelauf gelegene Teil zeigt ›geordnete‹ Foto- und Grafikausstellungen – in dunklen Werkshallen und -gängen und schon durch die Location beeindruckend. Der untere Teil ist eine Art besetztes Haus, das für Musik, Theater, Workshops, *urban gardening* und einfach das Leben genutzt wurde. Bleibt abzuwarten, was nach Abschluss der Arbeiten daraus wird.

Sozial und politisch engagiert ist das Kulturzentrum **La Casa Encendida** 10 (Brennendes Haus), benannt nach einem Poem des Schriftstellers Luis Rosales. Hier setzt man sich mit Themen wie Globalisierung, Solidarität, Gleichberechtigung und Umwelt auseinander, veranstaltet Ausstellungen und Konzerte. Natürlich gibt es einen Fair-Trade-Laden in dem alten Ziegelsteinbau und ein Café; im Sommer ist die Dachterrasse geöffnet.

Tempel der modernen Kunst – **Centro de Arte Reina Sofía**

Ein ambitioniertes Kunstzentrum, das die Kunst des 20. und 21. Jh. als Zeitreise inszeniert – und darüber hinaus immer wieder spannende Ausstellungen bietet. Da hängen nicht nur einfach Bilder, da gibt es Filme, Videoinstallationen, Plakate, Zeitungsausschnitte … Und ein Pilgerziel: Picassos Bild »Guernica«.

Nur die gläsernen Aufzugsschächte vor der Hauptfassade lockern die klassizistische Strenge des 1781 errichteten Stadtkrankenhauses etwas auf. In den langen Fluren und weißen Sälen rund um einen Innengarten gibt es jetzt Kunst statt Krankenbetten. Die Anbauten von Jean Nouvel, die einen Innenhof mit einer Skulptur von Roy

Alt und neu treffen am Centro de Arte Reina Sofía haarscharf aufeinander. Vom Vorplatz vor dem Hauptbau sehen Sie zu, wie sich Museumsbesucher in den Aufzügen der Glastürme von Stockwerk zu Stockwerk bewegen.

INFOS/ÖFFNUNGSZEITEN

MNCARS 1: Santa Isabel 52, www.museoreinasofia.es, Mo, Mi–Sa 10–21, So 10–14.30 Uhr, 1.1., Karfreitag, 1.4., 25.12. geschl., 12 €, Paseo-del-Arte-Ticket 32 €, Audioguide 4,50 €, Eintritt frei ab 19, So 12.30–14.30 Uhr sowie für Jugendliche und über 65-Jährige

KULINARISCHES FÜR ZWISCHENDRIN

Restaurants und Cafés gibt's im Museum und am Vorplatz, der sich bei Sonnenuntergang mit Menschen füllt. Die Kinder spielen, die Eltern plauschen. Die avantgardistische Dekoration des Cafés **NuBel** 1 ist eine Augenweide, die sich bis in den Innenhof mit der Roy-Lichtenstein-Skulptur fortsetzt. Die Getränke reichen von Kaffee bis Cocktail, Essen gibt es zu jeder Tageszeit, nachts legen DJs auf oder es gibt Livemusik (Edificio Nouvel, Eingang Calle Argumosa 43, www.nubel.es, Mo, Mi, Do 9–24, Fr, Sa 9–2, So 9–18 Uhr, €€). Romantische *azulejo*-Motive schmücken die Fassade der **Bodegas Rosell** 2 (General Lacy 14, www.bodegasrosell.es, Di–Sa 12–16, 19–24, So 12– 16 Uhr, Karwoche und Aug. geschl., Juni–Okt. So und Mo Vormittag geschl., €), einer alten Weinhandlung, die nun zu Wein oder frisch gezapftem Bier eine Auswahl von über 50 verschiedenen Tapas und *raciones* anbietet.

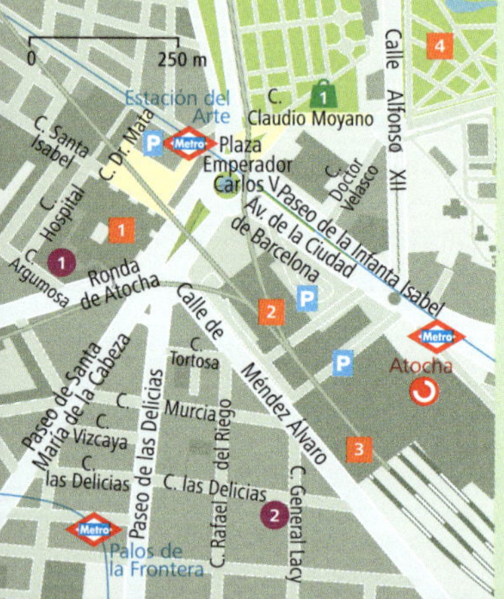

BÜCHER IM VORÜBERGEHEN

Nicht nur für Bücherfans ist die autofreie **Cuesta de Claudio Moyano** 1 ein Genuss. Die Gasse führt zwischen Botanischem Garten und dem kunstvollen schmiedeeisernen Gitter des Landwirtschaftsministeriums entlang, vorbei an rustikalen hölzernen Buchkiosken.

Cityplan: F/G 7/8 | **Metro** L 1 Estación del Arte, Atocha

Das **MNCARS** 1, so das Kürzel für den Museo Nacional Centro de Arte Reina Sofía, passt genau in diese Stadtlandschaft. Es liegt an der Nahtstelle des jung-alternativen Kulturviertels Lavapiés und des Madrider Kunstboulevards Paseo del Prado.

Lichtenstein einfassen, wirken leicht, transparent. Die Gebäude sind also ein spannender Dialog von Alt und Neu.

Utopien und Konflikte

Gemälde, Fotokunst, Poster, Filme und andere zeitgeschichtliche Dokumente des 20. Jh. sind im 2. und 4. Stockwerk sowie in einigen Sälen des Nouvel-Gebäudes zu Erzählräumen komponiert: Kunst in der Aura ihrer Zeit, in ihrem soziokulturellen Kontext. Um Utopien und Konflikte von 1900 bis zum Ende des Zweiten Weltkriegs, um die künstlerischen Ausdrucksformen von Kubismus, Konstruktivismus, Dadaismus oder Surrealismus und um so große spanische Maler wie Juan Gris, Joan Miró, Salvador Dalí oder Pablo Picasso geht es im 2. Stock. Der Katalane Joan Miró (1893–1983) ließ seine Motive gern zu symbolischen Kürzeln und Elementarteilchen schrumpfen, während Salvador Dalí untrennbar mit dem Surrealismus verbunden ist: der Maler der sich zersetzenden Materie, der beängstigend deformierten Figuren, der zerfließenden Objekte.

Nie wieder Krieg!

Die Ikone des Kunstzentrums, **Picassos »Guernica«,** hängt in Saal 205; dorthin pilgern alle! Der in Málaga geborene Künstler schuf es als Auftragsarbeit für den Spanischen Pavillon auf der Pariser Weltausstellung von 1937. Das 3,49 x 7,76 m große Gemälde bewertete er selbst als sein einziges Werk mit bewusst propagandistischer Absicht. Es entstand unter dem Eindruck der verheerenden Bombardierung der baskischen Stadt Guernica, die durch die deutsche Legion Condor am 26. April 1937 in Schutt und Asche gelegt wurde – eine Aktion zur Unterstützung des späteren Diktators Franco. Es ist ein Bild gegen den Krieg, jeden Krieg. Ein Szenario, als hätte eine Bombe eingeschlagen. Tote, sterbende, schreiende Menschen, dieses Gemälde geht unter die Haut.

Mit Filmsequenzen, Plakaten, Fotos und Kunstwerken reproduzieren die umliegenden Säle die Aura der Bürgerkriegszeit. Außerdem hängen hier zig Detailstudien Picassos zu seinem Monumentalwerk. Dieses, so hatte der Künstler verfügt, durfte erst nach Francos Diktatur nach Spanien zurückkehren. Und so geschah es.

Salvador **Dalí,** Luis **Buñuel** und Federico García **Lorca** hatten sich in Madrid kennengelernt und Freundschaft geschlossen. Kostproben von Dalís Malkunst, frühe Filme von Buñuel und sogar von Lorcas Dichtungen zeigt das MNCARS im 2. Stock. Buñuels Film »Land ohne Brot« läuft in der »Guernica«-Sektion und dokumentiert auf ergreifende Weise die Armut der spanischen Landbevölkerung zu Beginn des Bürgerkriegs 1936. Das Drehbuch zu »Der andalusische Hund« soll der Filmemacher übrigens zusammen mit Dalí binnen zwei Wochen geschrieben haben.

Wie ein Totem ragt vor dem Reina Sofía eine schlanke Skulptur fast 19 m hoch auf. Das etwas kleinere Original von Alberto Sánchez mit dem Titel »Das spanische Volk ist auf dem Weg zu einem Stern« stand 1937 vor dem spanischen Pavillon auf der Pariser Weltausstellung. Es entstand also zeitgleich mit Picassos »Guernica«.

Von wegen Hintertreppe: Jean Nouvel wusste schon, wie er die Fassade an der Ronda de Atocha in Szene setzen kann.

Nachkriegszeit und Postmoderne

Salvador Dalís »Idilio atómico y uránico melancólico«, unter dem Eindruck des Atombombenabwurfs auf Hiroshima und Nagasaki entstanden, gehört im 4. Stock zu den Gemälden, die das Lebensgefühl nach dem Zweiten Weltkrieg zeigen. In Spanien war es eine Zeit der Abschottung und des Nationalkatholizismus. Die Kunst löste sich von der Realität, flüchtete sich in Spiritualität und Abstraktion.

Die Säle im Nouvel-Bau machen den Sprung in die 1980er-Jahre. Die Dokumenta in Kassel hatte 1982 die individualisierte, eklektizistische Formensprache der damaligen Gegenwartskunst gezeigt. In Spanien aber beflügelte die wiederhergestellte Demokratie eine eng mit politischen und sozialen Bewegungen verknüpfte Kunst und Kultur. Alternative Experimente von Straßenkunst bis Underground spiegelten Freiheitsdrang und Widerstand, Feminismus und Post-Punk.

UM DIE ECKE

Gegenüber dem Museum steht die Jugendstilfassade der **Estación de Atocha** 2. Sie entstand um die Wende zum 20. Jh. Der tunnelfömige Ziegelsteinbau hat als Bahnhof ausgedient – der darin eingerichtete tropische Wintergarten wird gern als Wartesaal genutzt. Dahinter liegt der Neubau von Rafael Moneo, ein Schnellzugbahnhof mit dem Namen **Estación de Madrid Puerta de Atocha – Almudena Grandes** 3. Er wurde nach der 2021 verstorbenen Madrider Dichterin benannt.

Binnen 15 bis 20 Minuten erreichen Sie zu Fuß den Stadtpark **El Retiro** 4, in dem zwei zum MNCARS gehörende, wundervolle Ausstellungsgebäude stehen (► S. 50).

Zum Durchatmen – **Stadtpark El Retiro**

Was Sie hier erwartet? Eine riesige gepflegte Parkanlage, in der sich einst die spanischen Könige vergnügten. Eine relaxte Stimmung, Stunden der Muße. Im Winter ein wohltuendes Sonnenbad, im Sommer ein schattiges Plätzchen. Highlife und Amüsement: Gaukler, Musiker, Handleser, Masseure, Flaneure, Liebespaare, Jogger und Herrchen oder Frauchen mit Hund …

Seit aus dem Königsgarten El Retiro (von *retirarse*, sich zurückziehen) ein Volkspark wurde, verlustiert sich hier die ganze Stadt. Madrids Stadtpark spielt im urbanen Leben eine Schlüsselrolle. Er ist eine Art gemeinsamer Garten. Also unbedingt einmal den zentralen Spazierweg Paseo Salón del Estanque entlanggehen und über den See schauen!

Der See im Retiro-Park kann so schön sein … bei Sonne. Aber wenn es dunkel wird, dann erst kommen sie alle: die Liebenden und die Wanna-Be-Lovers. Und die Löwen schauen immer zu.

Mit 120 ha Grün bietet der Retiro viel urbane Lebensqualität. 1631–35 hatte Felipe IV auf dem Gelände die Sommerresidenz Palacio del Buen Retiro anlegen lassen, die Anfang des 19. Jh. im Unabhängigkeitskrieg stark zerstört wurde. Es war die Regierung der Ersten Republik, die 1873 den Retiro für das Volk öffnete.

Kann denn Liebe schmutzig sein? Wir Madrilenen lieben unseren **Estanque** mit seinen 55 000 m^3 Wasser, mitten in Madrid, mitten auf der dürren, trockenen spanischen Hochebene. Wir lieben ihn wirklich. Aber als der See 2001 von Grund auf gereinigt wurde, kamen 192 Stühle, 41 Tische, 40 Boote, 20 Papierkörbe, 9 Holzbänke, 3 Mülltonnen, 50 Handys, ein Kaugummiautomat, mehrere Einkaufswagen, Sonnenschirmständer, diverse Fleischermesser, ein Safe ohne Inhalt plus einige Urnen ans Tageslicht. Urnen? Vielleicht haben Leute sie bei einer letzten Ruderpartie mit dem geliebten Verstorbenen einfach verloren? Ach, Liebe kann so schmutzig sein …

Rund um den See

Zentrum des Parks ist der künstliche See, der **Estanque** 1, der gern für Bootspartien genutzt wird. Die sonnenbebrillten Gäste der *kioskos* rundherum schauen den rudernden Pärchen und Familien zu, während sie einen *granizado* oder einen *café con leche* schlürfen. Die Granitbänke im Säulenrund um das **Denkmal für Alfonso XII** 2 und die Treppenstufen zu seinen Füßen füllen sich rund ums Jahr mit Sonnenanbetern.

Drei-Brunnen-Route

Wunderschöne Brunnen schmücken den Retiro. Endpunkte des Paseo Salón del Estanque sind die **Fuente de los Galápagos** 3 mit wasserspeienden Kröten, Schildkröten und Dickwanstens, die mit Delfinen kämpfen, und die **Fuente de la Alcachofa** 4: Letztere war unter Carlos III in Auftrag gegeben worden und sollte die Heilkraft der Artischocke preisen. Die Hauptpromenade führt weiter zum eigenartigsten aller Brunnen, er wird oft als Hommage an den Teufel interpretiert: Denn der **Ángel Caído** 5 ist der ›Gefallene Engel‹, der aus dem Paradies vertrieben wurde. Ricardo Bellver, der die Figur 1885 schuf, ließ sich von John Miltons »Paradise Lost« inspirieren. Der Madrider Klerus regte sich damals ordentlich über die Skulptur auf – zumal sie auch noch genau auf 666 m Höhe stehen soll: Sie wissen schon – die Zahl des Antichristen aus der Johannes-Offenbarung.

Kunst im Stadtpark

Schon wegen ihrer Architektur, deutlich dem Neomudéjarstil verpflichtet, und wegen ihrer Lage zwischen alten Bäumen und an einem kleinen Teich sollten Sie den **Palacio de Velázquez** 6 und den **Palacio de Cristal** 7 aus dem 19. Jh. ansteuern. In beiden Gebäuden, vor allem im ›Glaspalast‹, finden gelegentlich Ausstellungen zeitgenössischer Kunst statt, die der Centro de

Arte Reina Sofía organisiert, denn diesem hochkarätigen Museum sind sie angegliedert.

Hügel der Trauer und Riesenbaum

Im **Bosque del Recuerdo** 8 erinnern 22 Olivenbäume und 170 Zypressen an die Opfer eines Terroranschlags muslimischer Fundamentalisten gegen vollbesetzte Vorortzüge im Jahr 2004. Durch den hügeligen ›Wald der Erinnerung‹ schlängelt sich ein Weg. Der nahegelegene **Ahuehuete** 9 (Taxodium mucronatum) soll um 1630 in dem unter Felipe V im französischen Stil angelegten Garten gepflanzt worden sein. Er ist nun 25 m hoch, hat die Form eines Kandelabers und ist, nebenbei, der mexikanische Nationalbaum.

INFOS/ÖFFNUNGSZEITEN

Retiro: April–Sept. 6–24, Okt.–März 6–22 Uhr
Bootsverleih: tgl. 10 Uhr bis Sonnenuntergang, max. 4 Pers., für 45 Min. Mo–Fr 6 €, Sa, So, Fei 8 €, über 65 Jahre Mo–Fr (außer an Feiertagen) 10–14 Uhr 1,80 €; solarbetriebenes Barco Solar: Di–So, Fei 10–13.30, 16 Uhr bis Sonnenuntergang, für ca. 15 Min. 2 €/Pers.

KULINARISCHES FÜR ZWISCHENDRIN

Mit dem **Florida Park** 1 (Paseo República de Panamá 1, T 918 27 52 75, www.floridapark.com, tgl. ab 13 Uhr, €€) feierte eine Legende vor einigen Jahren ihre Wiederauferstehung: In den 1970er- und 80er-Jahren war der Pavillon eine Institution im Madrider Nachtleben. Hier traten Charles Aznavour, Ray Charles, Plácido Domingo, Tina Turner oder Liza Minelli auf. Ein Restaurant und eine Tapas-Bar verköstigen nun wieder Gäste, übrigens auch auf einer schönen Terrasse. Und Fr, Sa nachts locken Shows und Konzerte in die Sala del Florida. Aus dem 18. Jh. finden sich auf dem Gelände noch Überbleibsel eines Schöpfrades, das den See und die kleinen Bäche im Park mit Wasser versorgte.

Wer Lust auf Tapas und Meeresfrüchte hat, geht weiter zu **La Castela** 2 (Doctor Castelo 22, T 915 73 55 90, Metro: L 9 Ibiza, L 2 Príncipe de Vergara, www.restaurantelacastela.com, Bar Mo–Do 12–17, 20–1, Fr, Sa 12–1 Uhr, Restaurant ab 14 bzw. 21 Uhr, €–€€). Früher ein Weinhandel, verwöhnt die schöne Bodega heute mit schmackhaften *raciones* ihre Gäste. Charmant: der Barraum mit seinen alten Kacheln und der Zinktheke.

Cityplan: G/H 5–7 | **Metro** L 1 Estación del Arte, Atocha, L 2 Retiro, L 9 Ibiza

Das Viertel der Noblesse – **Salamanca**

Lust auf feine Anzüge und schicke Kostüme? Nach all den Altstadtvierteln, in denen es ungezwungen bis unkonventionell zugeht, strahlt Salamanca gediegene Wohlhabenheit aus. Das bessere Madrid: Man sieht es, man spürt es; auf der Straße, in Restaurants, beim Einkaufen …

Hier zu wohnen ist teuer. Man sieht es den eleganten Fassaden, gewaltigen Holzportalen und schmiedeeisernen Balkonen schon an. Im gitterfömigen Straßenraster wirkt alles geordnet und sauber. Das ab Ende des 19. Jh. entstandene Salamanca-Viertel entsprach damals – und tut es auch heute noch – den Bedürfnissen von Bourgeoisie und Adel nach einem gehobenen Lebensstil. Also Achtung – Madrids luxuriöseste Shoppingmeilen liegen hier: die Straßen Serrano, Claudio Coello oder Ortega y Gasset.

Markennamen wie Cartier gibt es in Salamanca zuhauf. Beim Bummel auf den breiten, baumbegrünten Bürgersteigen ist Windowshopping automatisch inkludiert …

Ein Boulevard zum Schlendern

Der **Paseo de Recoletos**, die Verlängerung des Paseo del Prado, zeigt, dass zusammengeht, was nicht zusammenpasst: vielbefahrene Stadtachse zu sein und Eleganz auszustrahlen. Auf der breiten Fußgängerpromenade ist Platz für Bäume, Bänke, Wasserbecken, Skulpturen und zwei Mal im Jahr für Buchverkaufsstände. Von den historischen Literatencafés ist eines geblieben, das **Gran Café Gijón** 1 (Nr. 21) samt Terrasse und Pavillon auf dem Gehweg. Seit 1888 haben im Gijón Generationen von Dichtern und Schriftstellern die Stühle blankgesessen. Solche Kaffeehäuser, in denen livrierte Ober bedienten, waren in Madrid Treffpunkte der Kulturszene – und sie sind bis spätnachts geöffnet.

An der anderen Straßenseite liegt der Palast des Marqués de Salamanca, er war der Initiator des Salamanca-Viertels. Das Anwesen gehört jetzt der **Bank BBVA** 1. Im riesigen neoklassizistischen Gebäudeblock daneben, aus der zweiten Häfte des 19. Jh., befindet sich die spanische **Nationalbibliothek** 2. Vielleicht ist es der schönste Treppenaufgang der gesamten Stadt, der hinauf zum Eingang führt.

Kolumbus und die Dame von Elche

Da steht er hoch oben auf einer Verkehrsinsel der Plaza de Colón, über einem Sockel von 1885. Die Autos brausen um das **Denkmal von Christoph Kolumbus** 3 herum, der noch Droschke fuhr, aber mehr auf dem Wasser zu Hause war. Auf Karavellen segelte der Entdecker, der hier Cristóbal Colón heißt, über den Ozean nach Westen und entdeckte … Amerika? Nein, nur die Karibik. Er vertraute der neuen Theorie, die Erde sei rund, und wollte durch seine Expeditionen einen kürzeren Seeweg nach Indien finden. Wäre Spanien ohne ihn die große Kolonialmacht geworden? Das Reich, in dem die Sonne nicht unterging?

Quasi zu Füßen des 17 m aufragenden Monuments liegt bäuchlings und nackt eine **Frau mit Spiegel** 4 von Fernando Botero, dem 2023 verstorbenen ›Picasso Lateinamerikas‹. Auch das Kunstwerk gegenüber, »Julia« von Jaume Plensa, gibt dem Platz ein Gesicht.

Auf der Freifläche mit dem Namen **Jardines del Descubrimiento** 5 (Entdeckungsgärten) erfahren

Gewaltig verspekuliert hat sich der Mann, der um die Mitte des 19. Jh. Madrids elegantestes Viertel auf den Weg brachte: der Marqués José de Salamanca y Mayol. Dabei hatte er die besten Beziehungen zu den korruptesten Drahtziehern in Politik, Finanzwelt und Gesellschaft. Spekulation kann ja auch mal schiefgehen, der Markgraf hat sich jedenfalls im wahrsten Sinne des Wortes verrechnet und ging pleite. Sein eigenes Anwesen am Paseo de Recoletos Nr. 10 musste er 1876 wieder verkaufen. Was blieb, ist sein Name für das neue Stadtviertel. Übrigens ist heute nirgendwo in Spanien ein Quadratmeter Wohnraum so teuer wie hier.

INFOS/ÖFFNUNGSZEITEN

Museo Arqueológico Nacional (MAN) 6: Serrano 13, Metro: L2 Retiro, L4 Colón, www.man.es, Di–Sa 9.30–20, So, Fei 9.30–15 Uhr, 1.1., 6.1., 1.5., 9.11., 24.12., 25.12., 31.12. geschl., 3/1,50 €, Sa ab 14 Uhr und So gratis

Fundación Lázaro Galdiano 8: Serrano 122, www.flg.es, Metro: L 5 Rubén Darío, L 7, 10 Gregorio Marañón, Di–So 9.30–15, 1.1., Karfreitag, Karsamstag, 1. u. 2.5., 15.8., 8.12., 24.12 u. teils Fei geschl., Eintritt: 7/4 €, 1 Std. vor Schluss gratis

Adolfo Domínguez öffnet wie die meisten Modegeschäfte der Serrano-Gegend Mo–Sa 10–21, So 12–20 Uhr; Flagship Stores in Serrano 5 und 40.

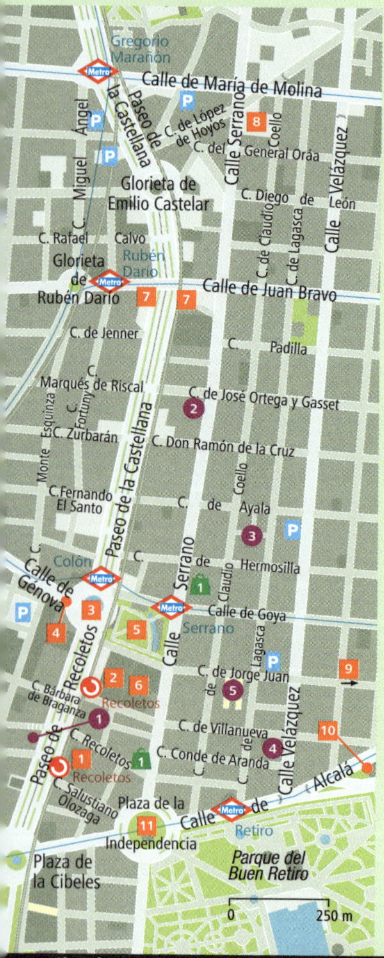

KULINARISCHES FÜR ZWISCHENDRIN

Gran Café Gijón 1: Paseo de Recoletos 21, tgl. 7–1 Uhr

StreetXO 2: Serrano 47, im Kaufhaus Corte Inglés, Metro: L 4 Serrano, www.streetxo.com, Restaurant tgl. 13–15.30, 20–23, Cocktailbar 12–24 Uhr, €€€

Mercado de la Paz 3: Ayala 28 und Lagasca 47, www.mercadodelapaz.com, Mo–Fr 9–20, Sa 9–14 Uhr. In der Markthalle gibt es eine Reihe an Marktbars, die Essen anbieten, darunter die Casa Dani. Mittags kommen viele Leute aus den umliegenden Büros.

Das **BumpGreen** 4 (Velázquez 11, Metro: L 2 Serrano, www.bumpgreen.com, Mo–Fr 9–24, Sa, So 10–24 Uhr, €–€€), Restaurant, Café und Lädchen in einem, zeigt, dass die Slow-Food-Bewegung Salamanca erreicht hat. Die für die Bürgerhäuser von Salamanca typischen hohen Räume sind im Vintagestil möbliert und dekoriert. Die junge Crew legt Wert auf Bio-Produkte, Nachhaltigkeit, regionale Herkunft. Auch Vegetarier und Veganer werden hier satt und glücklich.

Das **Lobito de Mar** 5 (Jorge Juan 10, Metro: L 4 Serrano, L 2 Retiro, T 910 88 94 40, https://grupodanigarcia.com, tgl. 13–1 Uhr, €€–€€€) gehört zu den Edeladressen in Salamanca, und die muss es hier ja auch geben. Die gehobene Mittelmeerküche von Dani García ist beliebt. Aber auch Tapas oder die für Andalusien typischen *espetos* (über Feuer gebratene Sardinenspieße) stehen auf der Karte. Auf dem Bürgersteig befindet sich eine Terrasse.

Cityplan: F–H 1–5 | Metro L 2 Retiro, L 4 Serrano

Sie mehr über den Helden der Wagnisfahrt über den Atlantik. Drei riesige Steinblöcke symbolisieren die Schiffe, mit denen Kolumbus 1492 losfuhr. Eingemeißelte Reliefs und Inschriften erzählen von den Entdeckungen. Das Denkmal schuf 1992 Joaquín Vaquero Turcios.

Noch weiter zurück in die spanische Geschichte bringt Sie das **Museo Arqueológico Nacional** 6. Das Archäologische Nationalmuseum inszeniert Kulturgeschichte von der Steinzeit bis ins 19. Jh. durchaus animativ: frühe orientalische Einflüsse, Iberer, Römer, Westgoten, Araber, die christliche Kultur ... Ein Besuch der **Dama de Elche,** einer orientalisch anmutenden Frauenbüste aus iberischer Zeit (4. Jh. v. Chr.), ist Pflichtprogramm! Weil sie die Ikone des MAN ist? Weil sie einfach unglaublich schön ist. Die Iberer waren übrigens eine Art spanisches ›Urvolk‹.

Das ist wirklich Kunst! Die Dame von Elche schaut unterschiedlich je nach Blickwinkel des Betrachters. Tiefsinnig hier, geradezu verschlagen, grausam von vorn.

So fein ist Salamanca

Große Modeschöpfer präsentieren sich im unteren Abschnitt der Nobeleinkaufsmeile **Calle de Serrano,** zwischen Plaza de la Independencia und Calle de Goya. Schaufenster an Schaufenster nur Schönes, Kreatives, Edles: Kleider machen eben Leute! Der Spanier **Adolfo Domínguez** 1 hat in Nr. 5 gleich ein komplettes Stadtpalais bezogen und zeigt dort Stockwerk für Stockwerk seine Kreationen. Feine Geschäfte gibt es ebenfalls in den Querstraßen wie der Calle de Jorge Juan oder im Sackgässchen Callejón de Jorge Juan. Dazwischen Filialen von Camper und Zara oder der Kaufhauskette **Corte Inglés**, die auf dem Laufsteg der Mode mitverdienen wollen.

Bei allen Spaziergängen entlang der gepflegten, hundertjährigen Balkonhäuser in diesem Viertel lässt sich kurz zusammenfassen: Was ist Salamanca schön!

Zum Davonradeln ...

Zum Luxus, den man sich im Salamanca-Viertel gönnt, gehört ein Radweg entlang der Calle de Serrano. So etwas gibt es nicht überall in Madrid! Wenn Sie mit dem Rad unterwegs sind, dann treten Sie doch einfach mal gut 2 km nach Norden. An der Ecke zur **Calle José Ortega y Gasset** liegt links eine Filiale der Kaufhauskette **Corte Inglés** und darin gibt es ganz oben im **StreetXO** 2 kuli-

► INFOS

Madrids Radwege findet man im Netz unter www.bicimad.com. Salamanca lässt sich gut erradeln. Dazu schlagen wir diese Strecke vor: Paseo de Recoletos – Jardines del Descubrimiento – Calle de Serrano nach Norden (Radweg), retour entweder auf dem grünen Mittelstreifen der Castellana oder durch die Calle de Lagasca. Radverleih: ► S. 112.

Ein Stückchen Tortilla? Frittierte Sardellen oder sogar eine Auster? Das kulinarische Angebot im Mercado de la Paz ist ordentlich.

narische Snacks des spanischen Starkochs Dabiz Muñoz – eine Art Sterne-Streetfood.

Und jetzt alles gratis: Eines der ungewöhnlichsten Madrider Museen finden Sie an der Kreuzung mit der Calle Juan Bravo. Links geht es über Treppen hinunter zum Paseo de la Castellana, und dort stehen geschützt unter der Straßenbrücke die Skulpturen des **Museo de Arte Público** 7. Mit Eduardo Chillida, Joan Miró, Alberto Sánchez, Pablo Serrano, Martín Chirino oder Julio González sind große spanische Bildhauer vertreten.

Eine Salamanca-Tour wäre nicht perfekt, ohne einen der exklusiven Paläste zu besichtigen, von denen es hier so viele gibt. Dazu folgt man der Serrano bis zur Nr. 122. In der **Fundación Lázaro Galdiano** 8 hat der 1947 verstorbene Verleger Lázaro Galdiano eine der landesweit bedeutendsten Privatsammlungen zusammengetragen. Sie füllt einen luxuriösen, in einem zauberhaften Garten liegenden Adelspalast. Besonders beeindruckend: die Gemäldesammlung.

Wo eigentlich findet in Madrids Stadtplanung die Zukunft statt? Hochhäuser im Zentrum oder in Salamanca – Fehlanzeige! Also hinein in den **Stadtbus 27,** der vom Paseo del Prado die gesamte Castellana hochfährt. Zum Preis eines Bustickets geht es bis zu den futuristischen Glaspalästen an der **Plaza de Castilla.** Steigen Sie hier aus (Endstation) und gehen noch ein bisschen weiter bis zum **CTBA** (Cuatro Torres Business Area), den »Vier Türmen«, zu denen mittlerweile ein fünfter hinzugekommen ist. Der höchste misst 250 m und stammt von Norman Foster. Man sieht die Gebäude meist schon beim Anflug auf Madrid.

Friedensmarkt im Nobelviertel

Für den Rückweg per Rad haben Sie Alternativen zur Calle Serrano: die grüne Mittelzone des Paseo de la Castellana oder die Einbahnstraße **Calle de Lagasca**, zwei Parallelstraßen östlich der Serrano. Letztere führt am **Mercado de la Paz** 3 vorbei. Den Friedensmarkt übersieht man schnell, trotz neonroter Farbe. Er versteckt sich seit 1943 inmitten eines Häuserblocks, hat mehrere Zugänge (Lagasca 47, Ayala 28) und ist eine Mischung aus Marktständen, Dienstleistern und Bars, die gut für einen Mittagsimbiss oder eine Zwischenmahlzeit sind.

UM DIE ECKE

Mit dem Rad könnten Sie auch gleich noch ein Stück nach Osten fahren, die Calle de Jorge Juan führt geradewegs zu einem Platz mit dem **Dolmen de Dalí** 9, einer Hommage des Künstlers an Isaac Newton und seine Frau Gala. Dann bringt Sie die Calle de Alcalá zurück ins Zentrum, vorbei an der **Casa Árabe** 10, einem Zentrum des Studiums der arabisch-islamischen Welt, und dem Triumphbogen **Puerta de Alcalá** 11 (Plaza de la Independencia), der seit 1779 den aufgeklärten König Carlos III ehrt.

›Groß‹ und geschäftig – **Gran Vía**

Stellen Sie sich schon mal auf Drängeln und Schieben ein, egal ob tagsüber oder nachts. Die ›Große Straße‹ ist das Schaufenster der Stadt, eine geschäftstüchtige Schlagader voller Shops, Fast-Food-Lokale, Amüsierbetriebe, Hotels – und vor allem immer randvoll mit Passanten.

Eine große Straße quer durch das Gestrüpp der Altstadtgassen müsse her, befanden die Stadtväter Anfang des 20. Jh. In Paris hatte Baron Haussmann gezeigt, wie so etwas ging: einfach schnurgerade Schneisen durch die Bebauung schlagen. Ab 1910 wurden 300 Häuser abgerissen. Aber dann dauerte es ein halbes Jahrhundert, bis der neue Boulevard an der Plaza de España ankam. In der Zwischenzeit versank Madrid in den Wirren des Bügerkriegs. Deutlich können Sie auf 1316 Metern Länge sehen, wie sich der Architekturgeschmack im Laufe der drei Bauphasen änderte.

Madrids berühmteste Kuppel mit blattgoldverzierter Girlande und einer fünf Meter hohen geflügelten Viktoria obendrauf wölbt sich über dem Rundturm des Edificio Metrópolis. Es ist das wahrzeichenhafte Entrée zur Gran Vía. An Bauschmuck wurde hier wahrlich nicht gespart.

Namen erzählen Geschichte! Bevor sie ab 1981 tatsächlich so hieß, hatte die **Gran Vía** andere Namen. Zuerst wurde sie nach Politikern benannt, zu Beginn des Bürgerkriegs nach der CNT, der bedeutenden anarchosyndikalistischen Gewerkschaft. Wenig später hieß sie nach der Projektilgröße der faschistischen Truppen ›Fünfzehneinhalb‹. Nach dem Bürgerkrieg ehrte sie den Gründer der faschistischen Falange, José Antonio. Das alles machten die Madrilenen nicht mit, sie sprachen immer von der Großen Straße. Na also!

Mehr als zwei Dutzend Hotels befinden sich inzwischen in der Gran Vía. Eines gehört dem Weltfußballer Cristiano Ronaldo. Wenn sich auf Social Media herumspricht, dass er sein **Pestana CR7** (Nr. 29) besucht, blockieren Hunderte Menschen die Straße, der Verkehr steht still. CR einmal im Leben persönlich sehen, das ist es!

Doch nun geht es zum Ausgangspunkt in die Calle de Alcalá und vorbei an der **Casa de la Aduana** 1 von 1769. Das alte Zollhaus mit dem Barockportal beherbergt die Pinakothek Real Academia de Bellas Artes de San Fernando (▶ S. 81). Die ganze Straße bietet eine imposante Fassadenphalanx mit Erkern, Türmchen und aufwendigen Figurenkompositionen oben auf den Dächern: Das war Madrids Bankenboulevard. Jetzt sind in die Prachtbauten auch Ministerien und Luxushotels eingezogen.

Kulturinstitution mit Weitblick

Dem **Círculo de Bellas Artes** 2 gehört eines dieser Belle-Époque-Gebäude. Der 1880 gegründete Verein der Schönen Künste stellt ein reges Kulturprogramm auf die Beine – und besitzt eines der hübschesten Cafés der Stadt. Ob am Fenster oder auf der Terrasse, hier finden Sie *Ihren* Logenplatz mit Blick in die Gran Vía. Noch besser ist die Dachterrasse **Azotea del Círculo** mit einem Café und der tonnenschweren Minerva-Skulptur, wo man von hoch oben in die Straße sieht.

Ein kurzer Abstecher zur **Fuente de Cibeles** 3 (Kybele-Brunnen) muss sein: Sie ist ein Wahrzeichen der Stadt, wirkt vor dem Hintergrund des überladenen **Palacio de Cibeles** 4 (Rathaus) doppelt schön, und beim Blick zurück in die Alcalá und Gran Vía haben Sie das ultimative Madrid-Foto vor sich!

Flanier- und Einkaufsmeile

Sehen die weißen Fassaden der unteren Gran Vía nicht ein bisschen wie der Stoff für ein Brautkleid aus? Wie beim Rundturm des markanten **Edificio Metrópolis** 5 (1907–11) oder des benachbarten **Edificio Grassy** 6 wurde nicht am Bauschmuck gespart. Etwa auf der Höhe der Metrostation Gran Vía beginnt der zweite Bauabschnitt des Boulevards. Die **Telefónica** 7 mit ihrem weithin sichtbaren Uhrturm, Sitz der spanischen Telefongesellschaft, entstand 1929 als erstes Hochhaus in Europa und ist deutlich New Yorker Vorbildern abgeschaut. Schon wegen des grandiosen Treppenhauses der Architekten MoneoBrock lohnt es sich, den Seiteneingang zur **Fundación Telefónica** zu betreten. Neben der Dauerausstellung zur Entwicklung der Telekommunikation ist die Stiftung für ihre ambitionierten Ausstellungen zeitgenössischer Kunst und zu gesellschaftspolitischen Themen bekannt.

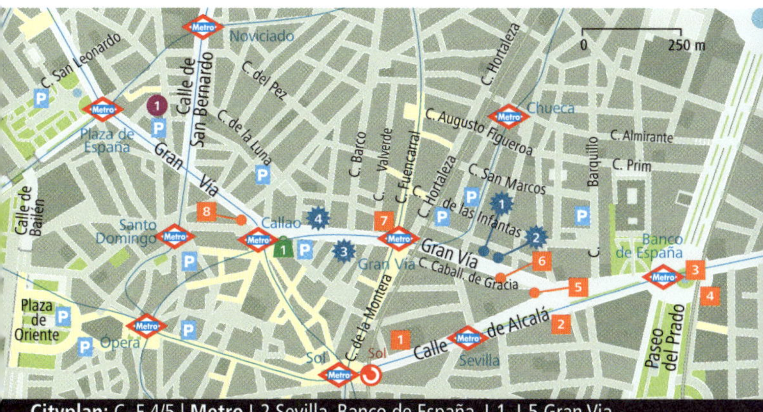

Cityplan: C–F 4/5 | **Metro** L 2 Sevilla, Banco de España, L 1, L 5 Gran Via

INFOS/ÖFFNUNGSZEITEN

Círculo de Bellas Artes 2: Marqués de Casa Riera 2, www.circulobellasartes.com. Cafetería La Pecera: tgl. 9–1 Uhr; Ausstellungen Di–So 11–14, 17–21 Uhr; Dachterrasse Azotea del Círculo (www.azoteadelcirculo.com) tgl. 10–1, Sa, So und vor Fei bis 1.30 Uhr, Kombi Ausstellungen/Dachterrasse 5 €
Fundación Telefónica 7: Fuencarral 3, https://espaciofundacióntelefonica.com, Di–So 10–20 Uhr, gratis
Geschäfte und Kaufhäuser: Öffnungszeiten von ca. 10–22 Uhr, kleinere Läden schließen teils um 20 Uhr.

KULINARISCHES FÜR ZWISCHENDRIN

Entlang der gesamten Flaniermeile gibt es jede Menge Gastronomie, darunter viel Fast Food. Ein verstecktes Kleinod ist der **Mercado de los Mostenses** 1 (Pl. de los Mostenses 1, Mo–Fr 9–14, 17.30–20, Sa 9–14.30 Uhr, €), eine der wenigen authentisch gebliebenen Markthallen Madrids. Viele Latinos gehen dort jeden Tag essen, denn die entsprechenden Bars mit lateinamerikanischer Küche sind gut und günstig und sehr beliebt.

WENN ES DÄMMERT …

Dann ist der Blick von den Gastrobars der Abteilung Gourmet Experiene im 9. Stock des Kaufhauses **Corte Inglés** 1 besonders schön (Plaza de Callao, So–Do 10–24, Fr, Sa 10–1 Uhr). Mit einem Getränk oder Snack geht's zu den Fensterplätzen oder auf die lange Terrasse. Oder Sie nehmen einen Cocktail im **Museo Chicote** 1, wo schon Hemingway zechte (► S. 106). Und dann ist da auch noch ein Dutzend Dachterrassen oben auf den Hotels der Gran Vía, etwa **The Mint Roof** 2 (Nr. 10, ► S. 89), **Rooftop Hotel Pestana CR7** 3 (Nr. 29, ► S. 58, S. 109) oder **Le Tavernier** 4 (Nr. 34).

Rund um die Plaza del Callao mit dem **Edificio Capitol** 8 von 1933 konzentrierten sich früher Theater und Filmhäuser. Die Gran Vía sollte ja auch eine Art Broadway Madrids werden – die großflächige Kinowerbung erinnert noch daran. Der letzte Teil der Gran Vía, die in die Plaza de España mündet, wurde erst in den 1950er-Jahren mit einer neuen Generation von Architekten beendet.

Platz da! – **Rund um die Plaza de España**

Nicht jeder urbane Umbau gelingt so wie der des Spanienplatzes. Er wirkt offen, weit und ist verkehrsberuhigt. Und macht Lust, auch die neu erschlossene Umgebung zu entdecken.

Spanienplatz. Spanienturm. Die Namen verweisen auf eine Zeit, in der man, bitteschön, stolz sein sollte, Spanier zu sein: unter Franco, in den 1950er-Jahren. Aber seit den jüngsten grundlegenden Umbauarbeiten, die 2022 beendet wurden, ist alles Angestaubte weg. Die Autos können nicht mehr rund um den Platz rasen, der wie abgesperrt wirkte, es wurden Tunnel angelegt und Radwege. Grünflächen mit Sträuchern und Bäumen, Spielplätze, Brunnen, Bänke. Neue Spazierwege öffnen sich in alle Richtungen: zum Schloss, Richtung Parque del Oeste oder hinunter zum Fluss.

So ist es recht: Einem großen Schriftsteller gebührt ein großes Ehrenmal. Miguel de Cervantes hat immerhin Weltliteratur geschrieben, und das bereits vor mehr als 400 Jahren.

Hoch hinaus

Die obere Schmalseite des 70 000 m^2 großen Platzes protzt seit 1953 mit dem 107 m hohen **Edificio España** 1. Nach jahrelangen Szenen der Immobilienspekuation glänzt er nun als Riu-Vorzeigehotel. Sein i-Tüpfelchen sind die **360° Rooftop Bar** und ein Pool auf der Dachterrasse. Der Ausblick von oben ist grandios. Obwohl das zweite Hochhaus der 1950er-Jahre, die **Torre de Madrid** 2, ein paar Meter höher ist, wirkt es dezenter.

Es ist der getreppte Koloss, der auch den perfekten Hintergrund für das zentrale **Cervantes-Denkmal** 3 abgibt, das ebenfalls einen gestuften Aufbau zeigt. Ganz oben halten fünf Figuren eine Weltkugel, denn Cervantes' »Don Quijote« wird bis heute auf allen Kontinenten gelesen.

Es gibt auch historische Schönheiten aus dem 19. Jh. am Platz. So die **Antigua Real Compañía Asturiana de Minas** 4 (Alte Königlich-Asturische Bergbaugesellschaft), die zu einem Kulturzentrum umgebaut wird, oder die **Iglesia de Santa Teresa de Jesús y San José** 5, deren neugotische Fassade an eine mittelalterliche Burg erinnert. Weithin sichtbar ist ihre bunt glasierte Keramikkuppel, die der Künstler Daniel Zuloaga schuf.

Miguel de Cervantes thront über einem kleinen Teich und blickt auf seine weltberühmten Romanfiguren: Don Quijote zu Pferd und Sancho Panza auf einem Maultier. Jetzt heißt es: ein Foto machen. Das tun hier schließlich alle!

Das Kino-Carré

Als **Manzana del Cine** ist in Madrid die Calle Martín de los Heros bekannt. Vor den Programmkinos glänzen im Straßenpflaster gut zwei Dutzend Sterne, die Regisseuren und SchauspielerInnen wie Pedro Almodóvar, Penélope Cruz oder Javier Bardem gewidmet sind. Gegenüber trifft sich die (Film-)Kulturszene bei **Ocho y Medio** 1 wohl auch wegen der Kino-Fachliteratur, aber primär um auf den Außenplätzen einen Café und das Leben zu genießen und zu schwatzen.

Auf den Tempelberg

An der Westseite des Platzes erstreckt sich eine neue Flanierzone, die nach rechts zum Parque de la Montaña führt. Oben auf dem grünen Hügel steht ein ägyptischer Tempel aus mächtigen Steinquardern, ein Ammon und Isis geweihtes Heiligtum aus der Zeit um 200 v. Chr. 1968 kam der **Templo de Debod** 6 nach Madrid, Stein für Stein wurde er an den Ufern des Nils abgetragen und hier wiederaufgebaut, sonst wäre er dem Assuan-Staudamm zum

INFOS/ÖFFNUNGSZEITEN

360⁰ Rooftop Bar, Hotel Riu Plaza de España 1: Gran Vía 85, www.riu360rooftopbar.com, tgl. 11–24 (letzter Einlass) Uhr, 5/10 €, für Hotelgäste gratis

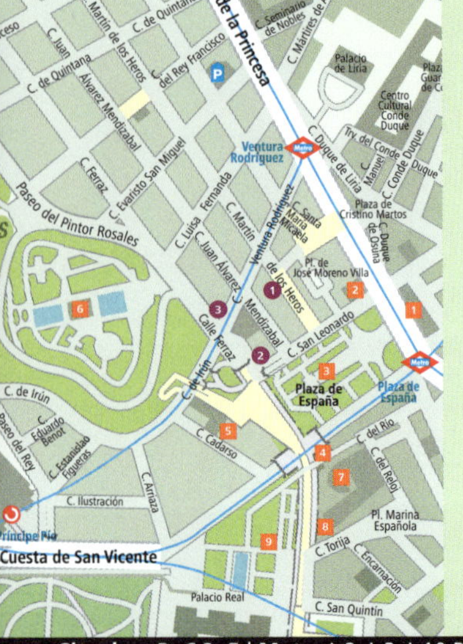

Templo de Debod 6: Ferraz 1, Di–So, Fei 10–20 Uhr, 1.1., 6.1., 1.5., 24./25.12., 31.12. geschl., Eintritt frei

KULINARISCHES FÜR ZWISCHENDRIN

In der Szene-Café-Bar **Ocho y Medio** 1 (Martín de los Heros 11, www.ochoymediolibrosdecine.es, Mo–Fr 11–23/23.30, Sa 12–24, So 15.30–23.30 Uhr, €), zu der ein Film-Buchladen gehört, gibt es auch Kaffee, Getränke und Kleinigkeiten zu essen, wie Toast Orson Wells oder Patatas bravas Almodóvar. Auf den Außenplätzen in dieser ruhigen Wohnstraße sitzt es sich angenehm.

In dem schönen Eckhaus an der Calle Ferraz 2 kocht Martín Berasategui im Gourmetrestaurant **Club Allard** 2 (www.elcluballard.com, €€€). Wie der baskische Sternekoch schmeckt, können Sie aber auch preiswerter testen, in seiner nur ein paar Meter entfernten Taverne **Madrí Madre** 3 (Ferraz 8, www.madrimadre.com, Mi–So 13–16, 20–24 Uhr, €–€€). Die *pinchos* (Tapas) sind klasse, die Umgebung informell, die Bedienung sympathisch und herrlich chaotisch.

Cityplan: B–C 3–5 | **Metro** L 2, L 3, L 10 Plaza de España

Opfer gefallen. Vom Tempelberg bieten sich die schönsten Aussichten hinüber zum Schloss, zum ehemaligen königlichen Jagdrevier auf der anderen Manzanares-Seite und zu den Bergen der Sierra de Guadarrama. Lust auf Spaziergänge im Grünen? Vom Hügel können Sie direkt in den Parque del Oeste (► S. 84) weiterziehen.

Noch mehr schöne Aussichten

Auch der neue Flanierweg von der Plaza de España zum Schloss ist schön gelungen. Er führt um den **Spanischen Senat** 7 herum (etwa vergleichbar mit dem deutschen Bundesrat) sowie an dem von Sabatini entworfenen Adelspalast **Palacio de Godoy** 8 (18. Jh.) vorbei bis zu den **Jardines de Sabatini** 9 (► S. 85) und dem Schloss. Bei den Bauarbeiten zu diesem neuen Verbindungsweg war man auf archäologische Reste gestoßen.

Lebe so, wie du dich fühlst! – **Chueca**

Freiheitsstraße heißt eine der Gassen von Chueca. In der Calle de la Libertad trafen sich nach dem Ende der Diktatur die radikalen Reformkräfte ebenso wie die Nachtschwärmer. Heute steht das Viertel für Freiheit und Toleranz: Eine bunte queere Szene betreibt kleine Läden, Restaurants, Kneipen.

Viel hat sich in den letzten Jahren getan: Das Viertel mit seiner Alt-Madrider Bausubstanz, den Fassaden aus der zweiten Hälfte des 19. Jh. und den kunstvoll geschmiedeten Balkongittern ist quasi durchsaniert, viele Gassen wurden fußgängerfreundlich hergerichtet. In Chueca stehen entspanntes Wohnen, Wirtschaften und Leben auf dem Programm, und das merkt man vor allem auf der Plaza de Chueca im Zentrum des *barrio*.

Mittendrin – Plaza de Chueca

Das Lebensgefühl des Viertels spüren Sie auf der **Plaza de Chueca.** Die Lokale rund um den kleinen Platz, die ihre Tische und Stühle auf dem Pflaster ausgebreitet haben, bieten quasi rund ums Jahr

Musik und einen Schluck zum Verkosten dazu. Im Mercado de San Antón ist das Ambiente hip und die Stimmung gut. Machen Sie da ruhig ein Päuschen!

▶ INFOS

Ende Juni findet eine Woche lang das Fest »Madrid Orgullo« statt. Besonders in Chueca herrscht dann Partystimmung, man feiert bis zum Morgengrauen. Es war ursprünglich ein Event der Schwulenszene, inzwischen ist es ein großes Fest der gesamten queeren Szene. Auf **www.madridorgullo.com** (auch auf Englisch) steht vieles zum Ereignis und zu den Veranstaltungen.

sonnige Open-Air-Plätze. Hinreißend schön ist die uralte **Taberna Ángel Sierra** ❶, sodass hier zu manchen Stunden alle hineinwollen und sich regelrecht Schlangen vor der Tür bilden: Die romantischen Deckenfresken, die Holztheke und alten Kacheln, Weinfässer und Regale mit verstaubten Flaschen machen aus Ángel Sierra eben eine hundertjährige Bilderbuchtaverne.

Schräg gegenüber liegt an einer Ecke des Platzes eines der ältesten Lokale der Madrider Lesben- und Gay-Szene: Das Disko-Café **El Truco** ❷ war quasi ein Wegbereiter der Akzeptanz von Homosexualität, stand jedoch immer für alle und jeden offen.

Zur Straße der Freiheit

Der Weg zur Calle de la Libertad führt am **Mercado de San Antón** ❶ vorbei, einem Neubau mit einer Mischung von Markt- und Essensständen auf drei Stockwerken plus Dachterrasse. Dorthin zieht es an Wochenenden die Heerscharen der Hungrigen zuhauf. Urig ist gegenüber die **Tienda de Vinos** ❷, der alte »Weinladen«. Hinter der hundertjährigen weinroten Holzfassade wird nicht nur Wein, sondern vor allem Madrider Küche wie aus Großmutters Zeiten serviert. Lange hieß das Haus in der Stadt nur »El comunista«, seine Besitzer waren nämlich Linke – und die Gäste ebenso.

Zwischen all den Lokalen in der **Calle de la Libertad** liegt auch eine der Kneipen, die in der Nach-Franco-Ära so richtig Fahrt aufnahmen, die Kultur mit Marihuana und Alkohol mit Protest mischten: das **Café Libertad 8** ❸ in Nr. 8. Während viele der ursprünglichen Lokale in der Straße, die eine Gastro-Meile geblieben ist, teils mehrfach den Besitzer wechselten, hält sich das Libertad 8 bis heute.

Mit »Freiheit« verbindet man in der Calle de la Libertad vor allem das **Café Libertad 8** ❸. Es war nach Francos Tod Treffpunkt derjenigen, die sich Demokratie und eine neue politische und soziale Kultur auf die Fahnen geschrieben hatten. Wer aus den faschistischen Gefängnissen entlassen wurde, ging zuerst zu seinen Freunden ins Libertad 8. In den 1980er-Jahren war das Café ein Referenzort der Movida Madrileña, und daran knüpft man heute noch mit Lesungen, Livemusik und Kleinkunst-Performances an.

In kleinen Läden stöbern

Speedshopper gehen in die **Calle Fuencarral** ❶ am westlichen Rand des *barrio*. Sie drängen von Modeladen zu Modeladen durch die Fußgängerzone, die neben dem Telefónica-Gebäude von der Gran Vía abgeht. Schuhfetischistinnen steuern auch die **Calle Augusto Figueroa** ❷ an, sie war mal Madrids Schuhstraße schlechthin. Einige der *muestrarios* sind geblieben und verkaufen die aktuellen Mo-

INFOS/ÖFFNUNGSZEITEN

Geschäfte 1 – 3: Die Läden in den Straßen Fuencarral, Augusto Figueroa, Pelayo etc. öffnen ca. 10–20 Uhr.
Museo del Romanticismo 4: San Mateo 13, museoromanticismo.mcu.es, Di–Sa 9.30–18.30/20.30, So, Fei 10–15 Uhr, 3/1,50 €, Sa ab 14 Uhr und So gratis
Museo de Historia 5: www.madrid.es/museodehistoria, Di–So 10–19/20 Uhr, Garten samt Fuente de la Fama Di–So 10–15 Uhr, gratis
Mercado de Barceló 6: Barceló 6, https://mercadobarcelo.es, Mo–Fr 9–14.30, 17.30–20.30, Sa 9–15 Uhr, Azotea Forus Barceló: www.azoteaforus.com, Mo–Fr 10–24, Do 10–1, Fr, Sa 10–2, So 10–23 Uhr
Iglesia de las Salesas Reales 8: General Castaños 2, Mo–Fr 9–13, 18–21, Sa, So, Fei 10–14, 18–21 Uhr
Taberna Ángel Sierra 1: Gravina 11, tgl. 12–2/2.30 Uhr
El Truco 2: Gravina 10, Mo–Sa 20–3/3.30 Uhr
Café Libertad 8 3: Libertad 8, www.libertad8cafe.es, Mo–Do 18–2.30, Fr, Sa 18–3, So 17–1.30 Uhr
Mercado de San Antón 1: Augusto Figueroa 24, www.mercadosananton.com, tgl. 13–24 Uhr oder länger
Tienda de Vinos 2: Augusto Figueroa 35, Mo 13.30–16, Di–Sa 13.30–16, 20.30–23.30 Uhr

KULINARISCHES FÜR ZWISCHENDRIN

Was darf es sein? Ein Glas Wein? In der schlichten Taverne **Vinoteca Vides** 3 (Libertad 12, www.vinotecavides.es, Mo–Do 17–1, Fr, Sa 12–2, So 13–24 Uhr) stammen sie allesamt von kleinen Gütern. Inhaber Vicente ist Sohn eines Weinbauern und hat sie alle für gut befunden. Die passende Grundlage dazu: spanischer Schinken oder Käse.
Das gastronomische Gegenstück – bunt, locker, cool – ist der **Mercado de San Ildefonso** 4 (Fuencarral 57, www.mercadodesanildefonso.com, tgl. 13–24 Uhr). Besonders abends zieht der Markt viel junges Publikum an.
Sehr ruhig sitzt man auf der Holzterrasse unter den Sonnenschirmen des **Bosco de Lobos** 5 (Hortaleza 63, www.encompaniadelobos.com, tgl. 13–1, Küche 13.30–16, 20–23 Uhr). Ambiente und Design passen zur Architektenschule, an deren Innenhof es liegt. Bei einem Tee oder Kaffee, Pizza, Pasta oder Risotto lässt es sich hier wunderbar entspannen.
Was gutes Süßes bekommen Sie in der Konditorei **La Duquesita** 6 (Fernando VI 2, www.laduquesita.es, tgl. 9–20.30, Café bis 20 Uhr), die es immerhin seit 1914 gibt. Für den Vor-Ort-Verzehr wurde ein neuer Café-Raum geschaffen.

IRGENDWIE ÜBRIG GEBLIEBEN

… von anno dazumal ist in der Calle Libertad die **Casa Postal** 4 (Nr. 37, Mo–Fr 10–14, 17–19.30, Sa 11–14 Uhr). Alte Postkarten, Fotos, historische Schilder, Plakate, alte Kameras werden verkauft. Vor hundert Jahren gab es solche Läden zuhauf, aber jetzt ist das ein Exot aus einer anderen Zeit.

Cityplan: E/F 3–5 | **Metro** L 1, L 5 Gran Via, L 5 Callao, Chueca

Ein Priester macht Ernst! Ángel García Rodríguez, den alle El Padre Ángel nennen, hat die **Iglesia de San Antón** kurzerhand in ein »Haus für alle, 24 Stunden am Tag« verwandelt. Ein Revoluzzer? Oder ein Mann, der den Worten des Papstes »Ein bisschen Barmherzigkeit verändert die Welt, macht sie freundlicher und gerechter« Taten folgen lässt? Die Kirche jedenfalls steht Bedürftigen, Verzweifelten, Kranken offen, gibt zu essen und zu trinken, Trost und Beratung. Padre Ángel, inzwischen hochbetagt, ist ein wahrhaftiger Engel.

Wo jetzt die UGT sitzt, drehte Pedro Almodóvar 1983 seine Filmkomödie **»Kloster zum heiligen Wahnsinn«**. Das passt! Das Haus war tatsächlich mal ein Kloster, in dem aufgelesene Huren in Gewahrsam genommen wurden. Sie sollten vom Weg der Sünde abkommen und waren de facto interniert. Deswegen nannte man es in Madrid Kloster der Büßerinnen.

delle spanischer Designer zu akzeptablen Preisen. Den Geist des Viertels findet man aber eher in den individuellen Lädchen der **Calle Pelayo** 8. Da gibt es Bio-Produkte, Geschenke, Mode oder Kunsthandwerk zwischen Bars und Tavernen.

Kirchen, Klöster, Krankenhäuser

... sind in Chueca für manche Überraschung gut! Die **Iglesia de San Antón** 1 bietet jederzeit und jedermann Zuflucht, der sie betritt – durch ein wunderschönes Portal von Madrids Barockarchitekt Pedro de Ribera. Zu dieser Offenheit passt die Urne mit den Reliquien des hl. Valentin, der ja der Schutzheilige der Liebenden ist. Sie befindet sich neben dem Gemälde »Letzte Kommunion des San José de Calasanz« (Kopie), das Goya für die Kirche gemalt hatte. Eigentlich ist San Antón dem Schutzpatron der Tiere geweiht. Und an jedem 17. Januar kommen die Madrilenen in Scharen her, um ihre geliebten Vier- und Zweibeiner segnen zu lassen.

Eine Tür weiter öffnet sich die **Madrider Architektenschule** 2. Früher stand hier eine zu San Antón gehörende Klosterschule, die 1989 abbrannte. Treten Sie ein in den gartenartigen Innenhof, an dem versteckt das Café-Restaurant **Bosco de Lobos** liegt. Ideal für eine Pause!

Ebenfalls in klösterlichen Gemäuern, nämlich aus dem 16. Jh., logiert die Zentrale der traditionsreichen sozialistischen Gewerkschaft **UGT** 3 (Unión General de Trabajadores), die gewiss wenig gottesfürchtig war, aber ebenso gewiss mit dem Engagement von »Pater Engel« auf der anderen Straßenseite zutiefst einverstanden ist.

Im Falle des nahen **Museo del Romanticismo** 4 haben wir es mal nicht mit einem Kloster, sondern mit einem Adelspalast zu tun. Das passt auch besser zu der gewürdigten Stilepoche der Romantik, schließlich lehnte sie die Wirklichkeit des ausgehenden 18. und frühen 19. Jh. mit ihrem Nützlichkeitsdenken ab. Im Haus lernen Sie das Lebensgefühl der Zeit und ihre spanischen Protagonisten kennen.

Noch prachtvoller ist das **Museo de Historia** 5. Ob man den Barock mag oder nicht: Die üppig ornamentierte Steineinfassung des Portals entzückt jeden. Dabei war das Haus kein Adelspalast, sondern Madrids 1721–26 erbautes Armenhaus. Innen spiegeln Kunstsammlungen und Modelle die Epochen der Stadtgeschichte.

Zurück im Hier und Jetzt

Gleich hinter dem Museum überrascht die Avantgardearchitektur des **Mercado de Barceló** 6. Das spanische Architektenduo Nieto/Sobejano, das auch schon in Deutschland und Österreich gearbeitet hat, schuf einen multifunktionalen urbanen Raum: Markthalle, Sportzentrum, Bibliothek, Plätze und Terrassen wie aus verschachtelten Containern zusammengesetzt. Das ist modernes Bauen mit Sinn für Funktionalität plus Ästhetik! Aber es ist auch der Verlust eines traditionellen *mercado de abastos* (Lebensmittelmarkt), einer gastronomischen Viertelinstitution, die von der Schriftstellerin Almudena Grandes in ihrem Roman »Mercado de Barceló« beschrieben wurde.

Dichters Traum und ein Letztes

Ganz andere Augenweide zeigt in der Calle Fernando VI die **Casa Palacio Longoria** 7, Sitz des Spanischen Schriftstellerverbands. Es ist die spannendste modernistische Fassade ganz Madrids: spanischer Jugendstil *(modernisme)* auf die Spitze getrieben, mit fast anarchistischen, dekadenten Zügen, eine überdimensionale Torte. Purer Modernisme-Stil auch innen, wie die spiralförmige Treppe und die Glas-Stahl-Kuppel zeigen.

In der **Iglesia de las Salesas Reales** 8 (1749–58), der Kirche der Königlichen Salesianernonnen, ist ein spanisches Königspaar bestattet: Barbara von Bragança, die kinderlos blieb und daher kein Grab im Pantheon von El Escorial erhalten konnte, und Fernando VI, der wohl aus Liebe entschied, für immer an der Seite seiner aus Portugal stammenden Gattin bleiben zu wollen.

UM DIE ECKE

Ein paar Gambas aus ihrer Schale pulen und dazu an einem Bier nippen, das hat in ganz Spanien fast rituellen Charakter. Madrilenen tun dies gern an der baumüberschatteten Plaza de Santa Bárbara – und zwar in der **Cervecería Santa Bárbara** 7, zu der eine eigene Brauerei gehört. Seit 1815 gibt es sie, ein Klassiker forever (Plaza Santa Bárbara 8, www.cerveceriasantabarbara.com, tgl. 8–23.45 Uhr).

Eloy. Ob der Name was mit den ergrauten Haudegen des Psychedelic Rock zu tun hat? Egal, hier geht es ja auch nicht um Musik, sondern um: gesunde Früchte, gesunde Menschen.

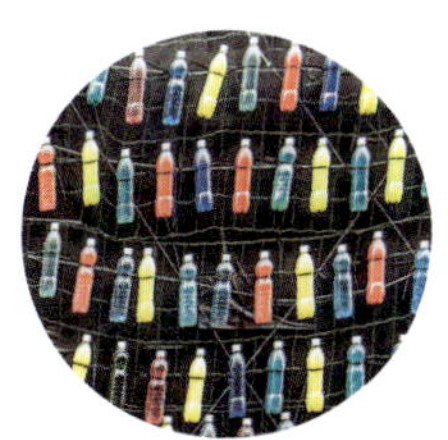

Beim Festival Madrid Orgullo (MADO) wächst Chueca über sich hinaus. Das Viertel zeigt sich bunt und queer.

Hipster und Rebellen – **Malasaña**

Hipster, Hausbesetzer, Kreative: Das Altstadtviertel ist »in«. Die Lädchen, Cafés oder Musikclubs geben sich szenebewusst, ein Lebensstil jenseits des Mainstreams. Man setzt Trends. Nachts sind die Gassen voller Menschen, die in den Bars einen Cocktail schlürfen, Livemusik hören oder bis zum Morgengrauen tanzen.

Die **Corredera Baja de San Pablo** führt hügelauf nach Malasaña und mitten hinein in das Hipster-Lebensgefühl, das sich in den Gassen mit Gebäuden der vorletzten Jahrhundertwende entfaltet.

Überall ist es schön, finden die Hipster von Malasaña – und nicht nur die –, wenn man diskutiert und trinkt oder beim Trinken diskutieren kann. So wie hier auf dem Bürgersteig der Corredera Baja de San Pablo …

Die Mischung macht's

Das Nebeneinander traditioneller und experimenteller Raumnutzung hinter den historischen Fassaden ist in dieser Straße zu sehen. Die Bühne hinter der Jugendstilfassade des kleinen **Teatro Lara** 1 – schauen Sie doch mal rein in diese »Bonbonniere von Don Cándido« – wird seit 1880 bespielt! Um die 100 m entfernt, in der Seitenstraße Loreto y

Chicote, früher ein Zentrum der Straßenprostitution, hat sich das **Microteatro por Dinero** 2 in einem ehemaligen Bordell eingerichtet und zeigt in winzigen Kammern Minutenstücke …

Die **Iglesia de San Antonio de los Alemanes** 3, (Kirche des hl. Antonius der Deutschen) vom Beginn des 17. Jh. ist Sitz der Santa Hermandad del Refugio (Bruderschaft der Zuflucht), die früher u. a. kranken und hilfsbedürftigen Deutschen beistand. Der Geist dieser Tradition lebt weiter. Das zeigen die Armenspeisungen und die Warteschlangen auf der Straße. Der elliptische,

Manuela Malasaña, Namensgeberin des *barrio*, Näherin, starb im Mai 1808 beim Volksaufstand gegen Napoleons Soldaten. Eine Heldin? Was ist Wahrheit, was Legende? Ihren Namen kennt jedenfalls jedes Kind.

INFOS/ÖFFNUNGSZEITEN

Microteatro por Dinero 2: Loreto y Chicote 9, www.microteatromadrid.com, Di–Fr ab 19.30, Sa, So ab 18.30 bis 1, Do–Sa bis 2 Uhr
San Antonio de los Alemanes 3: Puebla 22, Mo–Sa 10–14, 17–19 Uhr, Besichtigung mit Audioguide 5 €, Führungen (Kirche, Sakristei, Krypta, Museum, auf Spanisch) um 10.30, 11.30, 12.30, 17 u. 19 Uhr, 10 €
Centro Cultural Conde Duque 7: Conde Duque 9, www.condeduquemadrid.es, Ausstellungen Di–Sa 10–14, 17.30–21, So, Fei 10.30–14 Uhr
Bodega de la Ardosa 1: Colón 13, https://grupoardosa.es, Mo–Fr 9–2, Sa, So 10–2 Uhr
Pepe Botella 2: Pl. del Dos de Mayo, www.pepebotella.es, tgl. 10–2 Uhr

KULINARISCHES FÜR ZWISCHENDRIN

Der Name **La Pescadería** 1 (Ballesta 32, auf Facebook, tgl. 13–24/2 Uhr) erinnert an das alte Fischgeschäft. Aber es ist das New-York-Feeling, das die Hipster von Malasaña hierherzieht. Die **Casa Fidel** 2 (Escorial 6, Mo–Fr 10–16, 20.30–0.30, Sa 12.30–16, 20.30–0.30, So 12.30–16.30 Uhr, €–€€) ist eine klassische spanische Taverne mit Tapas und *raciones*. Burrata, Bresaola, Pizza oder Gemüselasagne gibt es im **Mica** 3 (Limón 30, www.micarestobar.com, Di– So 13.30–17, 20–24/1 Uhr, €–€€) mit schönen Außenplätzen gegenüber dem Conde-Duque-Kulturzentrum.
Ein historisches Kaffeehaus ist das **Café Comercial** 4 (Glorieta de Bilbao 7, http://cafecomercialmadrid. com, Mo–Fr 7.30–1/2, Sa 9–2, So 9–24 Uhr).

WAS FÜR DIE FÜSSE

Füße lieben *alpargatas* aus Hanf und Baumwolle. Es gibt sie in der **Antigua Casa Crespo** 1 (Divino Pastor 29, www.alpargateriacrespo.com, Mo–Fr 10–13.30, 17–20.15, Sa 10–13.30 Uhr).

Cityplan: C–E 3–5 | **Metro** L 5 Callao

»Josef, die Flasche«, so nannten die Madrilenen den – übrigens abstinenten – Bruder Napoleons, der in der Stadt für kurze Zeit als Regent eingesetzt war. Und damit ist der Bogen zur Plaza del Dos de Mayo geschlagen, einem Zentrum des Widerstands gegen die Franzosen – und zum **Pepe Botella** 2. Durch dessen große Fenster schauen Sie auf den Platz, während Sie einen *café* oder einen *mojito* bestellen, Zeitung lesen, Musik hören. »Josef, die Flasche« ist Madrid übrigens nicht schlecht bekommen. Er sorgte für mehr Hygiene und durchlüftete die Stadt, indem er Kirchen und Klöster abreißen ließ. So entstanden all die Plätze, auf denen wir heute so gerne sitzen …

Leibgarde adé, jetzt gibt's in der alten Kaserne Conde Duque nur noch Kultur.

gewölbte Kirchenraum lädt zu einer Pause der Meditation ein. Die höhlenartige Form und die *komplett* mit Fresken bemalten Wände machen ihn zu einem Ort wie nicht von dieser Welt!

Szenenwechsel auf der **Plaza de San Ildefonso,** deren Tische im Schatten der kleinen weißen Kirche jeden Abend besetzt sind. Ein charmanter Vierteltreffpunkt, zu dem aus allen Richtungen sieben Gassen führen. Ein Urgestein am Platz ist die **Farmacia Malasaña** 4 (Nr. 4). Die Apotheke gibt es schon seit Ende des 18. Jh. Ein Urgestein – in diesem Fall des Nachtlebens – ist auch die uralte und urige **Bodega de la Ardosa** 1. Sie verkörpert seit der Movida Madrileña das Lebensgefühl in Malasaña.

Plaza del Dos de Mayo

Am 2. Mai 1808 spielten sich hier – am damaligen Standort einer Kaserne – schlimme Kämpfe zwischen spanischen und französischen Soldaten ab: Die Skulptur der Soldaten **Daoiz und Velarde** erinnert daran. Der Platz ist das neuralgische Zentrum von Malasaña, samstags ist Flohmarkt. Unter den Bars, Tavernen und Cafés rundherum ist das **Pepe Botella** 2 ein richtiger Klassiker.

Ein Stück entfernt blieben in der Calle San Andrés zwei alte Fassaden-Kachelbilder erhalten. Natürlich haben in der früheren Apotheke **Laboratorios Juanse** 5 und in dem Eierladen **Antigua Huevería** 6 inzwischen Restaurants eröffnet.

Calle de la Palma

Südlich der Plaza del Dos de Mayo führt die Calle de la Palma bis ins Conde-Duque-Viertel hinüber. Auch dort ist nachts viel los: Zwischen den kleinen Läden reihen sich Bars und Musikclubs.

UM DIE ECKE

Ganz schön imposant ist der **Centro Cultural Conde Duque** 7, der eine ganze Seite der gleichnamigen Straße einnimmt. Die Kaserne, in der die Leibgarde von Felipe V untergebracht war, ist eines der spannendsten Kulturzentren der Stadt. Räume und Innenhöfe werden für Ausstellungen, Konzerte, Filmvorführungen und Theater genutzt. Das **Museo de Arte Contemporáneo** (Museum für Zeitgenössische Kunst) hat hier seinen festen Sitz.

Madrid Río und Matadero Madrid – **eine Radtour**

Eine Stadt entdeckt ihren Fluss. Im Zuge des Stadtentwicklungsprojekts Madrid Río wurden die Schnellstraßen, die den Río Manzanares beidseitig in ein Korsett aus Beton und Asphalt zwängten, unter die Erde verbannt. Neue Grünareale und Radwege säumen jetzt die Flussufer.

Seien Sie gnädig mit dem Fluss! Verschonen Sie ihn mit Sprüchen wie »Ach, du bist ja nur ein Bach«. Er musste schon genug Dichterspott über sich ergehen lassen, weil er sich nicht für einen Suizid eignet.

Für eine Radtour bietet sich die Plaza de España als Ausgangspunkt an. Zuerst halten Sie auf die **Iglesia de Santa Teresa de Jesús y San José** 1 zu, die wie ein neugotisches Schloss aussieht. Dort fol-

Auch Madrid putzt sich modern. Die Arganzuela-Brücke ist schick, vor allem bei Dämmerung. Von weitem sieht sie aus wie ein Korkenzieher. Fußgänger und Radfahrer bleiben unter sich und genießen das Panorama.

gen Sie dem Radweg, der in einem Bogen hinter das Gebäude und durch die Straßen Irún und Arriaza führt. In der Cuesta de San Vicente geht es dann nach rechts und abwärts zu dem 1775 von Sabatini errichteten Triumphbogen **Puerta de San Vicente** 2. Dort quert der **Puente del Rey** 3 den Fluss, die Königsbrücke, über die die Herren Regenten schnell vom Schloss in ihre Jagdgründe kamen.

Ins Jagdrevier der Könige

Der Zugang zur **Casa de Campo** ist die **Puerta del Rey** 4, ein als Halbrund gestalteter Säulenkreis. Vorbei am Jagdschlösschen **Palacete de los Vargas** 5 radeln Sie auf dem Paseo del Embarcadero, bis nach ca. 150 m ein Weg links abzweigt zum **Mirador de la Huerta de la Partida** 6: ein Aussichtspunkt mit schönem Blick auf die Hochhäuser der Plaza de España, das Schloss, die Kathedrale. Wenn Sie dem Paseo del Embarcadero weiter folgen, liegen bald links die restaurierten Ziegelsteinbögen des **Acueducto de la Partida** 7, der 1778 von Francisco de Sabatini entworfen wurde. Dort biegen Sie rechts in den Paseo Azul ein und dann gleich wieder nach links zum **Lago de la Casa de Campo** 8. Nach einer Runde um den See kommen Sie zum Steg mit Ruderbootverleih (Embarcadero), um den die Teerstraße in einem Bogen herumführt. Ein Stückchen abseits der Straße liegt am See ein **Besucherzentrum der Casa de Campo,** wo Sie auch Kartenmaterial erhalten. Auf dem Paseo del Embarcadero geht es dann zurück Richtung Flussufer und dort auf dem Radweg nach rechts.

Ein schwer belasteter Fluss ist der Manzanares, nicht in ökologischer Hinsicht, sondern finanziell! Die Autotrassen der M-30 in unterirdische Tunnel zu verlegen, um die Flussufer als Freizeitareal zurückzugewinnen, kostete die Stadt mehr als 6 Mrd. €, inklusive Kreditzinsen über 10 Mrd., zurückzuzahlen bis Mitte des 21. Jh. Das bedeutet: Die Erweiterung des Panama-Kanals war halb so teuer wie das Projekt Madrid Río. Auch kaum zu glauben: Die Pflege der neuen Grünflächen verschlingt jeden Monat rund 1 Mio. €.

Alte und neue Brücken

Bald ist die älteste Brücke Madrids erreicht: Den **Puente de Segovia** 9 schuf der Renaissancearchitekt Juan de Herrera. Die beiden folgenden Brücken sind neu: Der **Puente Oblicuo** 10 überspannt den Manzanares auf 150 m Länge und der **Puente del Principado de Andorra** 11, meist kurz Puente Y genannt, gabelt sich in zwei Arme und hat dadurch die Form eines Y.

Der Fluss beschreibt einen Bogen und Sie kommen zur zweiten historischen Steinbrücke. Der **Puente de Toledo** 12 entstand 1715. Zwei bogenförmige Nischen in der Mitte schützen die Steinskulpturen der Stadtpatrone San Isidro Labrador und seiner Frau Santa María de la Cabeza. Dann

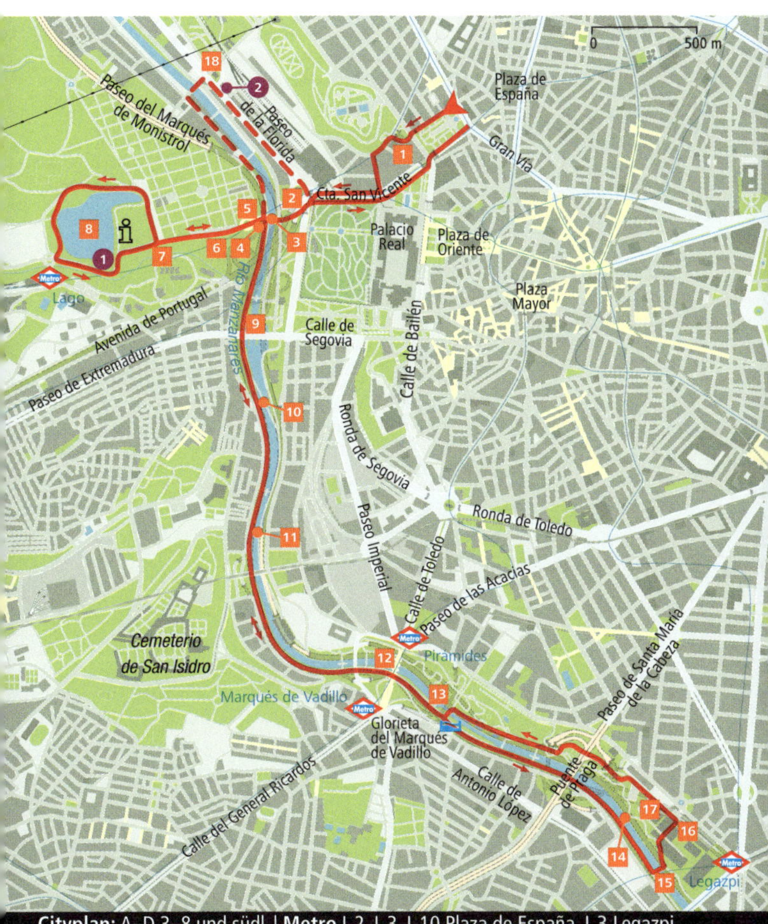

Cityplan: A–D 3–8 und südl. | **Metro** L 2, L 3, L 10 Plaza de España, L 3 Legazpi

INFOS/ÖFFNUNGSZEITEN

Matadero Madrid 16: www.mataderomadrid.com, tgl. 9–22, Ausstellungen, Theater, Kino Di–Do 17–21, Fr–So 12–21 Uhr; Cantina Di–So 10–24, Café Naves tgl. 10–24 Uhr, im Aug. teils geschl.
Palacio de Cristal de la Arganzuela 17: tgl. 9/10–14/15 Uhr
Panteón de Goya 18: Glorieta de San Antonio la Florida, Di–So 9.30–20, 15.6.–15.9. Di–Fr 9.30–14, 15–19, Sa, So, Fei 9.30–19 Uhr, gratis

KULINARISCHES FÜR ZWISCHENDRIN

Am Seeufer beim Bootsverleih isst man im **La Parrilla del Embarcadero** 1 (https://parrillaelembarcadero.com, tgl. 11–1 Uhr, €–€€) Gegrilltes oder Fisch. In ehemaligen Werkshallen der Bahn tischt die **Casa Mingo** 2 (Paseo de la Florida 34, www.casamingo.es, tgl. 11–24 Uhr, €) seit Generationen zu Apfelwein *(sidra)* Brathähnchen, Cabrales-Käse oder in *sidra* gegarte Paprikawurst auf; auch Außentische.

Am Matadero-Kulturzentrum trainieren Skater ihre Moves. Das hier ist allerdings eines der Mosaik-Bilder innen in der Matadero-Brücke – und diesen Skater gibt es wirklich. Vielleicht entdecken Sie ihn ja!

folgt ein hypermoderner Brückenkontrast: der 274 m lange **Puente de Arganzuela** 13. Der Radweg bringt Sie weiter bis zu den Zwillingsbrücken **Puente del Invernadero** 14 und **Puente del Matadero** 15 mit Bedachungen, die an umgestülpte Boote erinnern. Innen wurden sie vom Madrider Künstler Daniel Canogar mit Keramikmosaiken geschmückt, die echte Leute aus dem Viertel abbilden.

Neue Kultur im alten Schlachthof

Der Puente del Matadero führt zum alten Madrider Schlachthof *(matadero)* von Legazpi. Viehhandel und Schlachtbetrieb in den 1921 errichteten Ziegelsteinbauten wurden in den 1980er-Jahren eingestellt. Die riesigen neomaurischen Hallen des heutigen **Centro Cultural Matadero Madrid** 16 bieten Platz für Kultur und Muße am Fluss: Theater, Kino und Konzerte, Räume für Proben und Künstlerwerkstätten, für Lesungen und Ausstellungen – und für das **Café del Teatro** und die **Cantina,** die für das leibliche Wohl sorgen.

Retour ins Zentrum

Für den Rückweg können Sie zunächst auf der stadtzugewandten Flussseite bleiben. Vorbei am **Invernadero del Palacio de Cristal de la Arganzuela** 17, einem Wintergarten mit tropischen Pflanzen und Kakteen, radeln Sie in den Parque de la Arganzuela. Flussnah geht es durch die Grünanlagen, unter den Brücken Puente de Praga, Puente de Toledo und der folgenden neuen Straßenbrücke hindurch, um dann den nächsten Übergang ans andere Ufer zu nehmen. Am einfachsten und schönsten ist es, auf dieser Flusseite bis zum Puente del Rey zurückzukehren.

UM DIE ECKE

Ein lohnender Abstecher: Goyas Grabkapelle, der **Panteón de Goya** 18, liegt einige Hundert Meter den Paseo de la Florida hinauf. Der große Hofmaler hatte die Kapelle mitsamt ihrer Kuppel 1798 wundervoll ausgemalt, mit Szenen des Antonius-Wunders. Seit 1919 liegt Goya hier begraben, allerdings ohne Kopf. Der ging auf dem Weg aus seinem Exil in Bordeaux, wo er 1828 starb, offenbar verloren. Die **Casa Mingo** 2 (► S. 73) gleich neben der Kapelle ist ein gastronomisches Urgewächs in dieser Gegend.

Zum Stöbern bereit? – **Auf zum Rastro!**

Basaratmosphäre, Stände mit Nippes und Tand, Klamotten, Haushaltswaren, echte Antiquitäten und billige Kunst: Das alles lockt jeden Sonntag Hunderttausende Madrilenen und Besucher auf den Madrider Rastro. Hans Magnus Enzensberger nannte den riesigen Flohmarkt mal die letzte Grenze zwischen Europa und Afrika.

Tausende Stände werden jeden Sonntag frühmorgens aufgebaut und wetteifern um die Gunst all der Leute, die kommen. Sie haben Lust zu gucken und zu stöbern, Freunde zu treffen oder sich im bunten Treiben selbst treiben zu lassen. Auf dem Rastro geht es sonntags zu wie in einem Ameisenhaufen, und da haben Taschendiebe einfaches Spiel – trotz viel Polizeipräsenz. Achten Sie also ein bisschen auf Ihre Sachen!

Brauchen wir das? Ist es schön? Auf dem Rastro findet jedermann und jede Frau ein Want-to-have. Und wenn nicht, dann trifft man wenigstens Freunde oder Nachbarn …

Dem Helden von Cascorro, dem spanischen Soldaten Eloy Gonzalo, ist das Denkmal auf der **Plaza de Cascorro** gewidmet. Unter Einsatz seines Lebens hatte er im kubanischen Ort Cascorro den Artilleriestand der kubanischen Freiheitskämpfer gesprengt. Er überlebte! Nicht jedoch die Ruhr, die er sich 1897 einfing. Tot, aber als Nationalheld kam er nach Madrid zurück. Da steht er nun, das Gewehr noch immer geschultert, aber Kuba ist doch frei …

Kein Rastro-Sonntag ohne **After-Rastro-Rituale.** Der Flohmarkt macht hungrig und durstig. Nachdem die Leute durch die teils recht steilen Gässchen geschlendert sind, geht es in eine Bar: Im Viertel La Latina ist es überall rappelvoll. Wer in Lavapiés in der Calle de Miguel Servet keinen Platz mehr ergattert hat, versucht es in der Argumosa. Oder an den Gastro-Ständen des **Mercado de San Fernando** 1, die ebenso beliebt sind wie diejenigen im und um den **Mercado de La Cebada** 2 in La Latina.

In der Gegend um die **Plaza de Cascorro** befanden sich im 15. Jh. die Madrider Schlachthöfe, einige Straßennamen erinnern noch daran. Spätestens seit dem 18. Jh. entwickelte sich drumherum eine Art Handelsplatz, auf dem regelmäßig Altes und Neues den Besitzer wechselten.

In Anbetracht des großen Durcheinanders der Flohmarktstände mag man kaum glauben, dass hier Ordnung herrscht. Aber es ist so. Ob Kleidung oder Vogelfutter, Antiquitäten oder Haushaltswaren, Schnickschnack made in China oder nützliche Gebrauchtwaren – alles hat irgendwie seinen angestammten Platz auf dem Rastro.

Hinein ins Gewühl und Gewimmel!

Heute dehnt sich der Trödelmarkt rings um die Plaza de Cascorro über ein riesiges Areal in die umliegenden Gassen aus. Auf der **Plaza de Cascorro** 1 werden Kleidung, Accessoires und S°chmuck angeboten. Eine feste Bleibe in Nr. 6 hat das Marihuana, das bis zur Decke mit schwarzen Lederklamotten vollgestopft ist. Ähnlich ist das Angebot auf der **Ribera de Curtidores** 2, wo sich auch Outdoorläden mit Sportbekleidung und Stände mit Tischwäsche finden. Zu Madrids besten Antiquitätengeschäften zählen die **Galerías Piquer** 3 (Nr. 29) und die **Nuevas Galerías** 4 (Nr. 12). Reinschauen lohnt. Das Flohmarkttreiben erstreckt sich im Süden bis zur **Plaza Campillo del Mundo Nuevo**.

Authentische Atmosphäre

Auf der **Plaza del General Vara del Rey** 5 rufen die Händler lauthals ihre Schleuderpreise über den Platz. Jeans, Schuhe, Socken, Unterwäsche – alles Schnäppchen! Auch die Antiquariate rundherum haben zur Rastro-Zeit geöffnet. In der **Calle de Carlos Arniches** 6 wechseln Gebrauchtes und Antiquitäten vor dem **Museo de Artes y Tradiciones Populares** 1 (Museum der Volkskunst in einem historischen Gebäude, ► S. 78) den Besitzer, darunter jede Menge alte Schlüssel (ja, Schlüssel!), die fast mittelalterlich aussehen!

Der neue Rastro

Außerhalb der Rastro-Zeiten haben die ruhigen Altstadtgassen am Rande des Multikulti-Viertels **Lavapiés** ein besonderes Flair, und es hat etwas, unter der Woche in den Antiquitäten-, Möbel-

INFOS/ÖFFNUNGSZEITEN

Rastro: So, Fei 8.30–15 Uhr

GASTRO AFTER RASTRO

Ein paar *caracoles* zur Pause zwischendurch? Die Schnecken gibt es ebenso wie Tortilla, Kutteln oder Blutwurst im **Los Caracoles** 3 (Plaza de Cascorro 18, www.caracolesdeamadeo.com, tgl. 10–24/1 Uhr). Das ist typisch madrilenische Kost. Oder doch lieber etwas Süßes? Dann sind Sie in der **Churrería Santa Ana** 4 (Santa Ana 5, Mo–Fr 5–11, Sa, So 6.30–13.30 Uhr) richtig. Seit 1895 gehört es in Lavapiés zum Sonntagsritual, sich in dem mini-kleinen Lokal frisch ausgebackene Teigkringel und sämigen Kakao auf die Hand zu holen.

In der lockeren Atmosphäre des **Café Pavón** 5 (Embajadores 9, tgl. 10–1 Uhr) fühlen sich unter der Art-Déco-Decke sowohl die Familien des Viertels wie junge Madrilenen beieinander und bei Tapas wohl. Bis zum Morgengrauen ist hier was los.

Im **La Bobia** 6 (San Millán 3, www.puxasturies.es, tgl. 13–24 Uhr) sitzt es sich draußen vor einer Graffiti-bemalten Wand oder im hellen Innenraum an dem erhöhten, langen Tisch oder in riesigen aufgeschnittenen Holzfässern am Ende des Lokals schön. Zur *caña* stellt man Gästen eine Gratis-Tapa hin, wie es früher überall Brauch war. Gekocht wird asturisch, und nordspanischer Apfelwein, *sidra,* passt dazu immer. Danach ist Siesta angesagt, zumindest für alle Rastro-Gänger …

Cityplan: D 7 | **Metro** L1 Tirso de Molina, L5 La Latina, Puerta de Toledo, L3 Lavapiés

und Second-Hand-Läden zu stöbern. In die alte Struktur der Trödelläden mit ihrem wilden Durcheinander an Gebrauchtem haben sich in den letzten Jahren vor allem in den Straßen **Arganzuela** 7, **Mira el Río Alta** und **Bastero** 8, **Mira el Río Baja** 9, **Santa Ana** 10 und **Ruda** 11 junge Leute mit individuellen Konzepten eingenistet. Sie setzen auf Design, Vintage, das Besondere. Ein Beispiel dafür ist **La Tapicera** 12 in der Calle Santa Ana 9, ein Polsterladen, der – teils nach eigenen Entwürfen gefertigte – schöne Stoffe und Bezüge für Stühle und Kissen vorzeigt. Und in den Straßen **Carnero** 13, **Los Mellizos** 14 und Carlos Arniches werden Sie Läden mit Antiquitäten, Kuriositäten und viel Charisma entdecken.

EINTRITTSKARTEN *in eine andere Welt …*

Madrid ist Standort weltbekannter Kunstmuseen (▶ S. 36, 45, 81)*. Aber auch diese Museen haben es in sich, finden wir!*

UND JETZT ENTSCHEIDEN SIE!

Museo de América
Di, Mi, Fr, Sa 9.30–15, Do 9.30–19, So, Fei 10–15 Uhr, 3/1,50 €, So u. Do ab 14 Uhr gratis

Klar, ein Land, das Amerika entdeckt hat, braucht ein Amerika-Museum. Aber es ist nicht so, wie Sie jetzt vielleicht denken. Bereit zur Begegnung mit dem Schatz der Quimbaya und dem 112-seitigen Maya-Kodex?

○ JA ○ NEIN

🕮 A 1, museodeamerica.mcu.es

Museo de Artes y Tradiciones Populares
Mo–Fr 10–20, Sa 10–14 Uhr, im Aug. geschl., gratis

Das Museum in einem historischen Hofbau des 19. Jh. *(corrala)* widmet sich der Volkskunst und dem Volksbrauchtum. Thema: Religion, Feste, Musik, Kleidungssitten und der Haushalt in anderen Zeiten.

○ JA ○ NEIN

🕮 D 7, www.uam.es/lacorrala

Museo Nacional de Artes Decorativas
Di–Sa 9.30–15, Do 17–20 (Sept.–Juni), So, Fei 10–15 Uhr, 3/1,50 €, Do ab 17, Sa ab 14 Uhr, So gratis

Spanische Wohnkultur, Dekorationskunst und Kunsthandwerk des 15.–19. Jh. Besonders interessant sind die Kachel- und Keramikarbeiten und die komplette valencianische Küche des 18. Jh.

○ JA ○ NEIN

🕮 G 5, mnartesdecorativas.mcu.es

Museo Nacional de Ciencias Naturales
Di–Fr 10–17, Sa, So, Fei 10–20 (im Aug. bis 15) Uhr, 7 €/3,50 €, So 17–20 Uhr gratis

Wie klein ist der Mensch, wie groß war der Dinosaurier! Warum nur starb er aus? Ob uns Menschen ein ähnliches Schicksal droht? Die Begegnung mit der Naturwissenschaft bietet spannende Momente …

○ JA ○ NEIN

🕮 direkt oberhalb G 1, www.mncn.csic.es

Museo Sorolla

Di–Sa 9.30–20, So 10–15 Uhr, 3 €/1,50 €, Sa ab 14 Uhr u. So gratis

Wie malt man eigentlich Licht? Der valencianische Künstler Joaquín Sorolla wusste es. In seinem früheren Madrider Wohnhaus, wo er zu Beginn des 20. Jh. lebte, hängt viel lichtdurchflutete Mittelmeerromantik.

F 1, museosorolla.mcu.es

JA NEIN

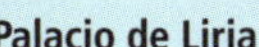

Palacio de Liria

tgl. Mo 10.15–12.30, Di–So 10.15–12.30, 16.15–19.15 Uhr, 15/13 € mit Audioguide, Führungen 35 €, Tickets an der Kasse 1 € teurer

Mal einen richtigen Adelspalast besichtigen, das ist spannend. Dieser gehört dem herzoglichen Geschlecht der Albas, einem der bedeutendsten Spaniens. Außerordentlich kostbar ist die Gemäldesammlung …

C 3, palaciodeliria.com

JA NEIN

Museo del Traje

Di–Sa 9.30–19, So, Fei 10–15 Uhr, 3 €/1,50 €, Sa ab 14 Uhr u. So gratis

Kleider machen Leute. Schon lustig, wie man sich so über die Jahrhunderte anzog, was bei Männern und Frauen als schick galt. Ein bezaubernder Rundgang durch die Geschichte der Mode bis zur heutigen Haute Couture.

westl. A 1, museodeltraje.mcu.es

JA NEIN

Museo La Neomudéjar

Mi–So 11–15, 17–21 Uhr, 6/5 €, Mi 11–13 Uhr Eintritt frei, der Zugang zum Café und der Hofterrasse ist gratis.

Hier, in den originalen Werkshallen einer Eisenbahngesellschaft, wird Avantgardekunst gemacht und gezeigt. Das passt zu dem alternativ wirkenden Ambiente und dem alten Gebäude im Neomudéjarstil.

H 8, www.laneomudejar.com

JA NEIN

Museo Tiflológico

Di–Fr 10–15, 16–19, Sa 10–14 Uhr, Fei geschl., im Aug. kürzere Öffnungszeiten, Eintritt frei

Sehen wie Blinde sehen? Also gar nicht! Im Museum der spanischen Blindenorganisation ONCE schließen Sie einfach die Augen und ertasten die nachgebildeten Denkmäler und sogar Bilder oder Skultpturen.

nördl. D 1, La Coruña 18, museo.once.es

JA NEIN

Madrids Museumslandschaft

An der Madrider Kunstmeile Paseo del Prado liegt das Dreigestirn von **Prado** (▶ S. 36), **Centro de Arte Reina Sofía** (▶ S. 45) und **Museo Thyssen-Bornemisza** (▶ S. 81) fußläufig beieinander. Ein weiteres Dutzend hochkarätiger Sammlungen, Stiftungen, Klöster und Museen, nicht zu vergessen das Schloss samt der 2023 eröffneten Galería de las Colecciones Reales (Königliche Sammlungen), machen Madrid zu einer *ciudad del arte* (Stadt der Kunst).

SO WERDEN MUSEUMSBESUCHE GÜNSTIGER

Eintrittsfreie Zeiten: gelten z. T. nur für EU-Bürger, Ausweis mitbringen. Eine Auswahl: Mo–Sa ab 18, So, Fei ab 17 Uhr Museo Nacional del Prado; Mo, Mi–Sa ab 19, So ab 12.30 Uhr Centro de Arte Reina Sofía; Mo 12–16 Uhr Museo Thyssen-Bornemisza; Mi Real Academia de Bellas Artes des San Fernando; Mi, Do ab 16 Uhr Monasterio de la Encarnación und Monasterio de las Descalzas Reales; Do Nachmittag Museo de América, Museo Nacional de Artes Decorativas, Museo Cerralbo; Sa ab 14 u. So ab 10 Uhr Museo Arqueológico Nacional, Museo Nacional de Antropología, Museo Nacional de Artes Decorativas, Museo del Romanticismo, Museo del Traje, So Vormittag Museo de América, Museo Cerralbo. Siehe auch die Website https://museomadrid.com/museos-gratis-en-madrid/.
Kombitickets: Der Abono Paseo del Arte (32 €, 1 Jahr gültig) berechtigt zum einmaligen Eintritt in den Prado, das Museo Thyssen-Bornemisza sowie das Centro de Arte Reina Sofía. Für die anderen staatlichen Museen gibt es Sammeltickets für vier oder acht Häuser (8 €/16 €, 10 Tage/15 Tage gültig).
Ermäßigungen: Rentner, Studenten, Jugendliche, teils auch Arbeitslose und Menschen mit Handicap erhalten Ermäßigungen von 50 bis 100 %.
Ruhetage: Viele Museen bleiben am Montag geschlossen. Generell sind auch der 1. und 6. Januar, Karfreitag, der 1. und 2. Mai sowie der 25. Dezember Ruhetage.

Baron Thyssens Kunst – spannend und ziemlich intellektuell. Einfach großartig.

Im Schatten des Prado ...

Wenn Sie nach dem Besuch des Prado noch mehr hochkarätige Kunst brauchen, könnten Sie mit diesen drei Museen gleich weitermachen. Das Thyssen-Museum, die historische Königliche Kunstakademie und ein Adelspalast mit wahrhaft ›adeliger‹ Sammlung werden Sie begeistern.

Die Schätze des Barons

Museo Thyssen-Bornemisza
Karte 2, F 6
Im Palacio de Villahermosa, einem Adelspalast schräg gegenüber dem Prado, samt einem moderneren Annex hängt ein ›Lehrgang‹ durch die Geschichte der Malerei vom 13. Jh. bis zur experimentellen Avantgarde und zu Pop Art. Der spektakuläre Bilderschatz von Baron Hans-Heinrich Thyssen hat in Madrid sein festes Domizil gefunden, er gehört dem spanischen Staat. Ein Rundgang geht im Obergeschoss mit der mittelalterlichen italienischen Malerei los, dann folgen Meisterwerke aus Renaissance, Barock, Klassizismus sowie flämische und holländische Porträts, Genreszenen, Stillleben und Landschaften des 17./18. Jh. Mit einer Paradeschau der Kunst von Manet, Renoir, Degas, Toulouse-Lautrec, van Gogh, Gauguin, Cézanne, Kokoschka und Matisse wird der Impressionismus im 1. Stock in Szene gesetzt. Das Gleiche gilt für Expressionisten wie Nolde, Schiele, Kirchner, Heckel, Pechstein, Schmidt-Rottluff, Kandinsky, Macke, Marc, Max Beckmann, Otto Dix oder George Grosz. Den Abschluss bilden die experimentelle Avantgarde und die klassische Moderne mit Mondrian, Schwitters, Braque, Gris, Picasso und Dalí sowie Max Ernst, Paul Klee, Marc Chagall, Jackson Pollock, Mark Rothko oder Edward Hopper. Eine fantastische Sammlung!
Im Erdgeschoss hängt separat die Sammlung Carmen Thyssen, die der Frau von Hans-Heinrich Thyssen gehört. Sie zeigt noch einmal Kunstwerke aus dem 17. bis 20. Jh., darunter quasi als Ikone der Sammlung Gauguins »Mata Mua«.

Paseo del Prado 8, www.museothyssen.org, Mo 12–16, Di–So 10–19 Uhr, 13/9 €, gratis bis 18 Jahre u. Mo 12–16 Uhr, Ausstellungen kosten extra; Kombiticket ›Paseo del Arte‹ 32 €

Älter als der Prado

Real Academia de Bellas Artes de San Fernando Karte 2, E 5
Seit 1752 gibt es die Königliche Akademie der Schönen Künste, sie ist also älter als der Prado. In einem großzügigen Adelspalast nahe der Puerta de Sol werden 1300 Gemälde und 14 000 Zeichnungen aufbewahrt, dazu ein guter Fundus an Bildhauerkunst. Die Sammlung spannt den Bogen von Werken der Maler des Goldenen Zeitalters bis zu moderner Kunst. Im sogenannten Gabinete Goya werden die originalen Kupferplatten zu dessen Radierfolgen »Los Caprichos«, »Los Desastres de la Guerra«, »Tauromaquia« und »Los Disparates« verwahrt.

Alcalá 13, www.realacademiabellasartessanfernando.com, Di–So, Fei 10–15, 9/5 €, unter 18 Jahre und Mi Eintritt frei

Ein Adelspalast, der es in sich hat

Museo Cerralbo Karte 2, C 4
Als der Markgraf von Cerralbo 1922 starb, vermachte er sein Palais samt Inhalt der Stadt – 30 Säle, in denen sich der Lebensstil des Madrider Adels im 19. Jh. erahnen lässt. Die Sammlungen umfassen Mobiliar, Porzellan, Uhren, Fächer, Waffen, Tapisserien, eine Bibliothek – und Gemälde von Tizian, Veronese, Tintoretto, van Dyck, El Greco, Zurbarán, Ribera oder Velázquez.

Ventura Rodríguez 17, museocerralbo.mcu.es, Di–Sa 9.30–15, Do auch 17–20, So, Fei 10–15 Uhr, 3 €/1,50 €, Do nachm., So sowie für Menschen unter 18 und Studenten bis 25 Jahre gratis

Klöster, die es in sich haben ...

Vom Reichtum des Goldenen Zeitalters, sprich Gold und Silber aus den spanischen Kolonien, profitierten auch die Madrider Kirchen und Klöster. Hinter den Mauern der von Habsburgern gegründeten Konvente verbergen sich schier unglaubliche Schätze, von königlich bis kurios.

Für Nonnen aus königlichem Hause

Monasterio de las Descalzas Reales 🕮 Karte 2, D 5

Doña Juana, Tochter Karls V., gründete 1554 das Habsburgerkloster in dem Renaissancepalast, in dem sie selbst geboren wurde und in dem sie auch ihre letzte Ruhestätte fand. Der heute von Klarissinnen bewohnte Konvent ist prunkvoll mit Fresken und Gobelins ausgestattet, besitzt rund 400 Gemälde, darunter Porträts der Habsburger Herrscherfamilie, und steht unter Denkmalschutz. Das Treppenhaus mit seinen Fresken und Trompe-l'œil-Gemälden aus dem 17. Jh. ist eine Wucht. Die Kapellen der Nonnen voller religiöser Kunst an der oberen Galerie, der Salón de Tapices mit Wandteppichen aus dem 17. Jh. nach Vorlagen von Rubens, Gemälde von Pieter Brueghel d. Ä., Caravaggio, Rubens, Tizian oder Zurbarán und die Grabmale von Doña Juana sowie der Kaiserin Maria von Österreich machen aus dem Kloster ein tolles Museum.

Plaza de las Descalzas 3, www.patrimonionacional.es, 8 €, Mi u. Do nachmittags für EU-Bürger Eintritt frei, Führungen des Denkmalschutzamtes Di–Sa 10–14, 16–18.30, So, Fei 10–15 Uhr, Kirche: Mo–Sa 8, 19, So, Fei 8, 10, 12 Uhr

Gigantisch ist der Palast von **San Lorenzo de El Escorial,** den Felipe II 1563–84 in den Ausläufern der Sierra de Guadarrama, 60 km nordwestlich von Madrid, errichten ließ. Ein Koloss aus eisgrauem Granit, Machtzentrale eines bis zu den südamerikanischen Kolonien reichenden Imperiums. Man spürt: Philipp II. war ein flammender Katholik, der Palast sollte zugleich ein Kloster sein. Das Gebäude, die Kunstsammlung und das Pantheon der spanischen Könige sind die perfekte Ergänzung zur Besichtigung der Habsburgerklöster in Madrid.

www.patrimonionacional.es, Nahverkehrzüge ab Atocha, Recoletos, Nuevos Ministerios und Chamartín

Das Blut des heiligen Pantaleón

Monasterio de la Encarnación

🕮 Karte 2, C 5

Margarete von Österreich, Gattin von Felipe III, gründete das nah beim Schloss gelegene Kloster, das 1616 eingeweiht wurde. Es hat den typischen, strengen Habsburger Stil. Frauen von adeliger Herkunft oder Verwandte des Königshauses kamen hier unter. Entsprechend großzügig fielen die Zuwendungen aus, wie die Gemälde- und Skulpturensammlungen zeigen. In der Sala de los Reyes sind Porträts der Habsburger ausgestellt. Etwas ganz Besonderes ist der Reliquiensaal. Tausende Reliquien werden dort verwahrt: Knöchelchen und Stofffetzen, Holzstückchen – und eine Ampulle mit einem Blutstropfen des Märtyrers San Pantaleón. Jedes Jahr in der Nacht vom 26. auf den 27. Juli verflüssigt sich das Blut und gerinnt sofort wieder. Jetzt glauben Sie es doch einfach mal!

Plaza de la Encarnación 1, Web, Preise und Öffnungszeiten wie Monasterio de las Descalzas Reales

Das Spiel mit dem Wasser

Wasser ist auf der spanischen Hochebene Mangelware – umso mehr gilt es als Lebenselixier und Quelle der Freude. Verschwenderische Wasserspiele gehören zur Madrider Stadtarchitektur. Die schönsten schmücken den Paseo del Prado, auch ›Salón del Prado‹ genannt, Madrids ›gute Stube‹.

Königin aller Brunnen

Fuente de la Cibeles 🕮 Karte 2, F 5

Kybele ist die Göttin der Fruchtbarkeit, die große Mutter der Erde. Und sie ist wunderschön! Marmorweiß, mit ebenmäßigen Gesichtszügen, sitzt sie majestätisch in einem von Löwen gezogenen Karren über dem rauschenden Wasserspiel inmitten eines Platzes, der die Nahtstelle von Paseo del Prado und Paseo de Recoletos und die Kreuzung mit der Ost-West-Achse Calle de Alcalá ist. Entsprechend hoch ist das Verkehrsaufkommen. Kybele behauptet sich als Insel und ruhender Pol in den anrollenden Wellen der Autos, die durch den Rhythmus der Ampeln dirigiert werden. Der Brunnen aus dem 18. Jh. ist der schönste der Stadt – und ihr Wahrzeichen. Kein Wunder, dass die Fans von Real Madrid nach siegreichen Spielen genau hier Abkühlung suchen …

Plaza de la Cibeles

Dem Meeresgott zu Ehren

Fuente de Neptuno 🕮 Karte 2, F 6

Neptun beherrscht den neoklassizistischen Monumentalbrunnen inmitten des Paseo del Prado. Besucher des Prado und des Thyssen-Museums oder die Gäste der beiden Luxushotels Ritz und Palace können die marmorne Herrlichkeit nicht übersehen. In der Linken hält er einen Dreizack als Zepter und Waffe zugleich. »Gebt mir zu essen oder befreit mich von der Gabel«, soll auf einem Schild gestanden haben, das man dem Gott während der Hungerjahre im Bürgerkrieg umhing – madrilenischer Humor noch in den schlimmsten Zeiten. Am kreisrunden Wasserbecken feiern übrigens die Fans von Atlético Madrid ihre Fußballsiege.

Plaza de Cánovas del Castillo (Plaza de Neptuno)

Apollo und die vier Jahreszeiten

Fuente de Apolo 🕮 Karte 2, F 5

Etwas versteckt in den Grünanlagen, etwa auf halber Strecke zwischen Kybele und Neptun, den Endpunkten von Madrids Guter Stube, liegt ein dem Gott Apollo gewidmeter Brunnen. Sein Gesicht soll demjenigen Carlos' III ähneln, dem Madrid den Kunstboulevard samt Brunnen verdankt, dazu Museen, Krankenhäuser und vieles mehr. Ob es nun ein Gott ist oder ›Madrids bester Bürgermeister‹, die Darstellung der vier Jahreszeiten zu seinen Füßen zeigt ein aufwendiges Bildprogramm.

Paseo del Prado gegenüber Nr. 5

Madrid kann auch schwul … jedenfalls beim Festival Madrid Orgullo. Dann erstrahlt der Cibeles-Brunnen in den Regenbogenfarben.

Pause. Einfach mal abschalten

Der schnellste Weg ins Grüne führt in den großen Stadtpark El Retiro (▶ S. 49). Mit seinen Bäumen und Rasenflächen, Spazierwegen und Bänken ist er der große Garten der Madrilenen. Ein neueres Freizeitareal ist Madrid Río am Ufer des Manzanares (▶ S. 71). Und wir haben noch ein paar Tipps für den Fall, dass Sie die Stadt hinter sich lassen und ausspannen wollen.

Schatten, Ruhe, Bäume zum Lieben

Real Jardín Botánico 🕮 F/G 7

Ein riesiges Schattendach aus ausladenden Baumkronen und Blätterwerk – danach sehnt man sich an heißen Sommertagen in Madrid. Und das gibt es mitten in der Stadt, gleich an der Südseite des Prado. Carlos III ließ den Botanischen Garten im 18. Jh. anlegen.

Ein Badehaus wie im Vorderen Orient? Passt doch eigentlich gut zu Madrid. Ein Körnchen islamisch-arabischer Kultur gehört zur DNA der Stadt, denn tatsächlich gelten Araber, die einst von Andalusien nach Norden vordrangen, als ihre Gründer. Der **Hammam Al Andalús Madrid** (🕮 Karte 2, D 6) ist in den Ziegelsteingewölben einer 300-jährigen Zisterne in der Altstadt untergebracht und sehr hübsch in andalusisch-orientalischem Stil dekoriert. Herrlich entspannend ist der Wechsel zwischen Kalt-, Warm- und Heißwasserbecken, dem Dampfbad und einem Ruheraum, in dem Tee ausgeschenkt wird. Sich mal richtig die Haut sauberschrubben lassen oder eine viertelstündige Massage genießen geht ebenfalls.

Atocha 14, Metro: L 1, 2, 3 Sol, L 1 Antón Martín, T 914 29 90 20, www.madrid.hammamalandalus.com, tgl. 9.30–23.30 Uhr

Entsprechend alt sind die exotischen Bäume und Pflanzen, die v. a. aus Lateinamerika und dem mediterranen Raum stammen. Ein grünes, stilles Paradies mitten in Madrid.

Paseo del Prado, www.rjb.csic.es, tgl. 10–18/19, im Sommer bis 20/21 Uhr, 4/2 €, unter 18 J. gratis, über 65 J. 1 €

Unter Bären und Wölfen?

Casa de Campo 🕮 westl. A 4/5

Das ehemalige Jagdgelände der Könige breitet sich als riesige Grünzone auf der anderen Seite des Río Manzanares aus. Besonders an den Wochenenden zieht es die Madrilenen zum Picknicken und Joggen, zum Spazieren und zu Bootspartien auf dem See hierher. Auch fürs Lieben finden die Leute ein Plätzchen. Wer Bären und Wölfe sichten will, muss heutzutage allerdings in den Zoo gehen. Kinder wollen in den Vergnügungspark Parque de Atracciones, ganze Familienclans nutzen gern die Gelegenheit, in einem der typischen Grillrestaurants zu essen, die direkt am See Lago de la Casa de Campo liegen (▶ S. 72).

Metro: L 10, Lago, Batán

Spaziergänger/in trifft Jogger/in

Parque del Oeste 🕮 A/B 1–4

Ein umfangreiches Wegenetz für Biker, Spaziergänger und Jogger lockt die Madrilenen in ihren Westpark. Das großzügige Gelände mit Bäumen, Rasenflächen und Rosengarten (La Rosaleda) fällt hügelig zum Fluss hin ab. Im Bürgerkrieg fanden hier heftige Kämpfe zwischen Republikanern und Franquis-

Das wäre es doch: hier die müden Füße im Wasser abkühlen. Dürfen wir das? Egal! Der Debod-Tempel aus Ägypten beim Parque del Oeste wird's nicht übel nehmen.

ten statt. Aber darüber ist inzwischen Gras gewachsen. Am oberen Parkrand, in den Terrassencafés des Paseo del Pintor Rosales, sitzt man gemütlich mit Blick ins Grüne. Etwas unterhalb liegt die Talstation des Teleférico, in den Kabinenliften können Sie über den Fluss hinweg zur Casa de Campo schweben.

Unterhalb des Paseo de Pintor Rosales, Metro: L 3, 6 Moncloa, L 2, 3, 10 Plaza de España, L 3, 4, 6 Argüelles. Teleférico, www.telefericomadrid.es, tgl. ca. 12 Uhr bis Sonnenuntergang, Mitte Sept.–Mitte März nur Sa, So, Fei, hin und zurück 6,90 €, Kinder unter 3 Jahren gratis

Königliche Gärten

Campo del Moro 🕮 B 5/6

Der Schlosspark unterhalb der Westfassade des Palacio Real ist zweifelsohne eine der schönsten Grünflächen Madrids. 1109 lagerte hier der Berberfürst Jusuf mit seinen Truppen, und seitdem heißt das Gelände »Das Maurenlager«. Jetzt liegt eine friedfertige Stimmung über allem, nicht einmal das Getöse der Stadt reicht bis hierher. Spazierwege, Grün, Brunnenanlagen, der Blick aufs Schloss – hier können Sie in Ruhe ein Buch lesen.

Paseo de la Virgen del Puerto s/n, Metro: L 2,5 Ópera, L 6, 10 Príncipe Pío, tgl. 10–18, im Sommer bis 20 Uhr

Liebevoll gepflegt

Jardines de Sabatini 🕮 B/C 5

Blumenrabatten und Buchsbaumhecken, gestutzte Zypressen und Steinstatuen, Brunnen und Bänke – das Einzige, was hier stört, sind schon mal Touristen. Na ja, man ist ja selbst einer. Die Abendstunden sind in den wunderschönen Gartenanlagen gleich an der Nordseite des Schlosses besonders angenehm.

Bailén 2, Metro: L 2, L 5 Ópera

Der Garten des Malers

Museo Sorolla 🕮 F 1

Zum Wohnhaus des »Malers des Lichts«, heute ein Museum (► S. 79), gehört ein wunderbarer Garten. Er steht allen offen, aber kaum jemand weiß das. Die Anlage mit ihren Beeten, Wasserbecken, Skulpturen, schattigen Bäumen, Bänken und den *azulejos* erinnert an andalusische Gärten wie den der Alhambra. Ein perfekter Pausenort!

Paseo General Martnez Campos 37, Di–Sa 9.30–20, So, Fei 10–15 Uhr

Wie man sich bettet ...

Was gibt es Schöneres, als aus der Haustür zu treten und gleich in das Leben drumherum einzutauchen? Wir stellen auf diesen Seiten einige Unterkunftsvorschläge zusammen, die sich dafür gut eignen: sich in Madrid wie zu Hause fühlen.

Dazu bietet die Palette relativ junger Hotels, in denen modernes Design großgeschrieben wird, beste Gelegenheit. Das Madrider Unterkunftsangebot ist derartig umfangreich und breit gefächert, dass Sie außer zu Messezeiten Zimmer in allen Preiskategorien finden werden. Es lohnt sich, nach aktuellen Angeboten auf den Websites der Hotels oder auf den großen Hotelbuchungsseiten Ausschau zu halten und möglichst frühzeitig zu buchen.

Warum nicht mal, als Alternative zum Hotel, ein *Hostal* probieren? Hostales sind zumeist familiär geführte Pensionen. Viele liegen im Zentrum in Etagenwohnungen und bieten Zimmer ohne Frühstück, aber mit eigenem Bad und besitzen Quasi-Hotelstandard.

Beim Wort Hostel denken Sie an Backpacker – und das ist natürlich korrekt. Aber es gibt ausgesprochen schöne Hostels in Madrid, und wenn man sich als Gruppe oder Familie ein Zimmer teilt, dann kann man die Küchen- und Salonräume mitnutzen und hier Leute aus aller Welt kennenlernen.

ZUM SELBST ENTDECKEN

Am schönsten wohnt man in Madrids Altstadtvierteln oder in Salamanca. Immer mehr Besucher stöbern auch mal bei **Airbnb** (www.airbnb.com). Hunderte Privatangebote, vom einfachsten Gästezimmer bis zur kompletten Wohnung, sind im Angebot. Eigentlich würden diese Wohnungen auch dringend von Madrilenen gebraucht. Das ist nicht anders als in Berlin oder New York ...

PREISE

So viel kostet in etwa ein Doppelzimmer mit Frühstück:

€ unter 100 €
€€ 100–200 €
€€€ über 200 €

Historische Noblesse: das Hotel Mediodia stammt aus der Belle Epoque. Geht eben auch in Madrid: Hotelsuche nach Stilepochen.

Großvaters Haus

Artrip Hotel E 8

Das Haus seiner Großeltern, um 1900, hat der Besitzer liebevoll zu einem kleinen Hotel umgebaut. Im Eingangsbereich hängen immer wieder Werke junger Madrider Künstler und werden auch zum Verkauf angeboten: Das passt zur Lage im Szeneviertel Lavapiés. Jedes der 17 Zimmer hat eine individuelle Handschrift, besonders viel Flair bieten die Räume unter dem Dach. Das Gefühl: hier ist meine Wohnung in Madrid. Denn zur Ausstattung gehören immer ein Wasserkocher, Trinkwasser steht flaschenweise gratis bereit. Der kleine Frühstücksraum ist dann fast wie ein gemeinsames Ess- oder Wohnzimmer.

Valencia 11, T 915 39 32 82, www.artriphotel.com, Metro: L 3 Lavapiés, €€

Einfach und doch mit Stil

Hostal Gala Karte 2, D 5

Ein Stadthaus mit hohen Räumen und schmalen Balkonen, wie sie typisch für die Bürgerhäuser in Madrid sind. Die Zimmer sind angenehm in Schwarz und Weiß gehalten, die Bäder klein, aber funktional. Die Apartments oben im Haus bieten Platz für eine ganze Freundesgruppe oder eine Familie – und unabhängiges Wohnen mit Kochgelegenheit. Sehr angenehme, junge Crew und eine 24-Stunden-Rezeption.

Costanilla de los Ángeles 15, 2° (2. Stock), T 915 41 96 92, 675 76 34 89, www.hostalgala.com, Metro: L 2 Santo Domingo, L 3, 5 Callao, €, Apartments für Kleingruppen €€

In der Obhut der Brüder Gonzálo

Hostal Gonzalo Karte 2, F 6

Die Brüder Javier und Antonio Gonzalo führen das Hostal im Viertel Huertas. Ein alter Fahrstuhl befördert Gäste in den 3. Stock des Hauses. Die Lage ist bestens, alle wichtigen Sehenswürdigkeiten erreicht man zu Fuß. Glücklicherweise zählt die Calle de Cervantes zu den Straßen im *barrio* mit geringem Lärmpegel. Sehr sauber, alle Zimmer verfügen über Bad, TV, Heizung. Und die Brüder kümmern sich gern um ihre Gäste und stehen ihnen mit Rat und Tat zur Seite.

Cervantes 34, 3° (3. Stock), T 914 29 27 14, www.hostalgonzalo.com, Metro: L 1 Antón Martín, €

Weiße Tradition am Atocha-Bahnhof

Hotel Mediodía F 7

Das Haus gegenüber dem Atocha-Bahnhof und neben dem Centro de Arte Reina Sofía hat das Format eines gediegenen bürgerlichen Hotels: Schmuckfassade und schmiedeeiserne Balkone, Eingangshalle mit Teppichen, Stuck und Lüstern, Aufzüge, eine Cafetería. Die 165 Zimmer haben Parkettfußboden und recht großzügige Bäder. Die Zimmer zum Innenhof oder zum Vorplatz des Centro de Arte Reina Sofía sind ruhiger.

Plaza del Emperador Carlos V 8, T 915 27 30 60, www.mediodiahotel.com, Metro: L 1 Estación del Arte, €–€€

Die Gran Vía als Fototapete

Índigo Madrid Gran Vía D 5

Schlafen ist wichtig, aber Essen noch wichtiger. Nach dieser Devise ist das Hotel an der Ecke zur Gran Vía durch sein hervorragendes Restaurant berühmt geworden. Aber auch das Auge isst mit und so spielt die avantgardistische Deko gern ein bisschen verrückt. In jedem Zimmer gibt's was zum Gucken, neben Fototapeten auch mal eine Retro-Badewanne oder Retro-Armaturen. Der ganz eigene Charme des Hauses entfaltet sich bestens auf der Dachterrasse samt Bar und Pool.

Silva 6, T 912 00 85 85, www.indigo-madrid.com, €€

Mitten in der Szene

One Shot Prado 23 Karte 2, E 6

Schlichte, moderne Studios mit Holzfußböden im nachtaktiven Literatenviertel. Minimalismus, doch setzen einzelne Kunstwerke und farbig gestrichene Zimmertüren Akzente. Gestaltet wurde das Ganze von »Las 2 Mercedes«, zwei jungen Designerinnen aus Sevilla, die beide mit Vornamen Mercedes heißen. Wer mehr frühstücken möchte als einen Kaffee, geht ins Kulturzentrum Ateneo gleich nebenan. Ein Schwesterhotel, das **One Shot Recoletos 04,** liegt

Der Innenarchitekt hat richtig gezaubert, das macht das Konzept des Hotels Room Mate Mario so hübsch außergewöhnlich. Und der Hund beißt bestimmt nicht!

in einer ruhigen Straße im unteren Salamanca-Viertel (🕮 F 5).

Calle Prado 23, T 914 20 40 01, www.hotelone shotprado23.com, €–€€; One Shot Recoletos 04: Salustiano Olózaga 4, T 919 99 26 90, www.hoteloneshotrecoletos04.com, €€

Modernität in alten Mauern

Petit Palace Santa Bárbara F 3

Direkt am angenehmen Santa-Bárbara-Platz in Chueca liegt das mehrstöckige schöne Stadthaus. Der einstige Palast der Markgrafen von Quintanar ist jetzt ein Boutique-Hotel und besticht durch modernes Design. Das alte Treppenhaus ist eine Augenweide, der Innenhof eine angenehme Ruhezone. Es gibt übrigens auch Raucherzimmer. Gästen stehen gratis Leihräder zur Verfügung.

Plaza Santa Bárbara 10, T 913 91 44 21, www.petitpalace.com, Metro: L 4, 10 Alonso Martínez, €€–€€€

Herberge für Handelsreisende

Posada del León de Oro

Karte 2, D 6

Das war mal eine typische Altstadtherberge. Mit Pferd und Kutsche angereiste Kaufleute fuhren durch ein großes Portal hinein in den Innenhof – ein charmantes Gemäuer! Jetzt gibt es 17 Zimmer in pfiffig-modernem Design, darunter Penthousezimmer direkt unter den alten Dachbalken. Ob in der *enotaberna* unten im Haus oder in der Restaurantmeile Cava Baja direkt vor der Haustür – für das leibliche Wohl ist rundherum gesorgt.

Cava Baja 12, T 911 19 14 94, www.posadadel leondeoro.com, Metro: L 1 Tirso de Molina, L 5 La Latina, €€–€€€

Jedes Zimmer eine Insel?

7 Islas Hotel E 4

Sieben Inseln, so nannte der Hotelgründer, der von Lanzarote stammte, das Haus, das jetzt von seinen Töchtern geführt wird. So wie die Inseln der Kanaren sind die Zimmer ganz unterschiedlich groß, mal 17 m², mal 23 m² oder sogar über 30 m². Letztere sind Penthousezimmer mit eigener Terrasse. Was alle Räume attraktiv macht, sind Möbel und Design des Studios Kikekeller, retrofuturistisch, funktional, schlichte Eleganz. Fürs leibliche Wohl sorgen 7 Kitchen & Bar, und

die Augen freuen sich an wechselnden Kunstausstellungen in der Lobby.
Valverde 14, T 915 23 46 88, www.7islashotel.com, Metro: L 1, 5 Gran Vía, €€, Penthousezimmer mit Terrasse €€€

Stylish

Room Mate Mario Karte 2, C 5

Mario war das erste Haus der kleinen Hotelkette Room Mate von Kike Sarasola. Als Olympionik (Reiter), der sich mutig als Gay outete, ist er ein Quereinsteiger in der Hotellerie. Das macht sich eher angenehm bemerkbar, Großstadtmenschen werden das unkomplizierte 54-Zimmer-Hotel hinter der unaufgeregten Fassade eines Stadthauses mögen. Die Atmosphäre ist ungezwungen, das Raum- und Designkonzept frisch und modern, die Lage mitten in der Altstadt in einer ruhigen Straße großartig.
Campomanes 4, T 915 48 85 48, www.room-matehotels.com, Metro: L 2, 5, R Ópera, €€

Unabhängig wohnen

Apartamentos Turísticos Matute 11 Karte 2, E 6

Es ist ein typisches Stadthaus dieser Gegend, ein Balkonhaus aus dem 19. Jh., mitten im trubeligen Literatenviertel, aber in einer stilleren Seitengasse. In den 39 Apartments und Studios, immer mit Kochnische und Sitzgelegenheit, trifft Neu auf Alt, die funktional-moderne Einrichtung steht im Kontrast zu rohen Ziegelsteinwänden, alten Parkett- und Fliesenböden oder hölzernen Balkontüren. Ein gutes Haus für unabhängiges Wohnen.
Plaza Matute 11, T 914 29 36 98, 609 35 49 82, https://matute11.com, Metro: L 1 Antón Martín, €€

Smart und öko

The Hat Madrid Karte 2, D 6

In einer lockeren Atmosphäre wohnen Sie in diesem Hostel mitten in Madrid, gleich bei der Puerta del Sol, ob im Mehrbettzimmer oder im eigenen Doppelzimmer mit Dusche. Fairer, gleichberechtigter Umgang und nachhaltiges Denken sind hier Trumpf. Die Energie kommt aus erneuerbaren Quellen, Papier gibt es nur auf der Toilette. Ob Frühstück oder Sundowner – die Sonnenterrasse ist wunderbar. Ein Hostel, in dem man Anschluss findet.
Imperial 9, T 917 72 85 72, thehatmadrid.com, Metro: L 1, 2, 3 Sol, €

Und auf dem Dach ein Foodtruck …

The Mint Karte 2, E 5

So manches ist hier anders. Das beginnt schon an der Rezeption: Sie checken an einer Bar-Theke ein! Und es endet mit der Dachterrasse samt Foodtruck, wo man zu Snacks und Drinks und schöner Aussicht chillt. Minztöne und allerlei andere Schattierungen von Grün geben den Ton im Haus an, in dem es an Designideen und avantgardistischen Akzenten nicht fehlt. Hier wohnen Sie am herrschaftlichen Stadtboulevard Gran Vía.
Gran Vía 10, T 912 03 06 50, http://de.vinccithemint.com, Metro: L 1, 5 Gran Vía, L 2 Banco de España, €€–€€€

Hostel der feineren Art

TOC Hostel Madrid Karte 2, D 5

So möchte man in einer Großstadt wohnen: im Altbau mit Parkettboden, hundertjährigen Fliesen, hohen Stuckdecken … Die 55 Räume des Toc Hostels befinden sich in so einem Haus mitten in der Stadt. In den schönen Loungebereichen, der Küche oder dem Billardzimmer kann schon mal WG-Feeling aufkommen. Es gibt Zimmer für unterschiedliche Bedürfnisse: Doppelzimmer für Paare, Familienzimmer, Frauenschlafsäle mit 6 Betten, gemischte Schlafsäle für bis zu 8 Personen, stets mit Bad.
Plaza Celenque 3–5, T 915 32 13 04, www.tochostels.com/madrid, €

Boutique-Hostal

Vitium Urban Suites C 4

Typischer Hoteleingang? Fehlanzeige. Mit dem Aufzug geht es in den 5. Stock zu den 12 hellen Zimmern hoch über Madrids Boulevard. Die Kategorien Standard, Deluxe und Premium unterscheiden sich vornehmlich durch ihre Größe und durch zusätzliche Sitzbereiche. Die Räume haben Hotelstandard, aber es gibt keinen Hotelservice.
Gran Vía 61, 5°, T 911 16 41 44, www.vitium.es, Metro: L 3, 10 Plaza de España, €–€€

Kein Tag ohne Tapas …

Alles dreht sich in dieser Stadt von frühmorgens bis Mitternacht irgendwie ums Essen, könnte man meinen. Das Paradies für Hungrige und Gourmets, eine Gastronomielandschaft, in der Milch und Honig fließen. Keine Gasse ohne Café, Bar, Taverne oder Restaurant. Und jede Wette, dass ein Lokal, an dem Sie gerade vorübergehen, okay, gut oder exzellent ist. Eigentlich schade, dass man nicht jede Stunde etwas essen kann …

In den zentralen Vierteln ist das gastronomische Angebot besonders reichhaltig. Da häufen sich die Tavernen, Weinbars, Avantgarderestaurants, asiatische, afrikanische oder lateinamerikanische Lokale – und dazwischen immer wieder mal ein besternter Koch. Davon gibt es in Madrid so manchen. Essen als Lebensstil und Teil der Kultur zelebrieren auch die historischen, teils hundertjährigen Tavernen in der Altstadt, in denen Sie einen Ausflug in die Vergangenheit machen können, inklusive Kostprobe von Kutteln und Stierschwanz, versteht sich …

Kommen auch Vegetarier in der Stadt zurecht, fragen Sie jetzt? Ohne Probleme, selbst wenn die Zahl pur vegetarischer oder veganer Restaurants überschaubar geblieben ist. Aber Gemüsegerichte und Salate stehen überall und nicht erst seit neuestem auf den Speisekarten.

Madrilenen gehen gern aus, verabreden sich mit Freunden, und das meist zum Essen oder zu Wein und Tapas. Ein Gläschen und ein Häppchen bilden ja in Spanien seit jeher ein wunderbares Duo.

Oh, oh – diese Dinger sind ja fast schon eine Mahlzeit. Nennt sich Caipiroska de fresa und macht happy.

ZUM SELBST ENTDECKEN

Restaurantmeilen, in denen Sie sich ungezwungen umsehen können, sind die Cava Baja sowie die nahe Plaza de la Paja in der Altstadt (► S. 27), die Plaza de Santa Ana inklusive der Straßen Echegaray und Ventura de la Vega im Literatenviertel (Huertas) (► S. 33), die Calle Argumosa in Lavapiés (► S. 42), die Calle de la Libertad in Chueca (► S. 64) und die Calle de Ponzano in Chamberí (🕮 E 1).

Aktuelle Entdeckungen aus der **Gastronomie-Szene** finden sich online unter www.elmundo.es/metropoli oder auf www.guiadelocio.com/madrid/restaurantes.

PREISE

Mit diesen Ausgaben sollten Sie rechnen:

€ unter 25 €
€€ 25–50 €
€€€ über 50 €

SO BEGINNT EIN GUTER TAG

Die Schoko-Dröhnung am Morgen

Chocolatería de San Ginés Karte 2, D 5

Wenn die Sonne aufgeht, dann ist die stadtbekannte Chocolatería ein guter Ort, um den Tag zu begrüßen. Eine sämige Tasse Schokolade hilft, sich ordentlich zu stärken – oder den Kater zu vertreiben! Dazu gibt es frisch in Olivenöl frittierte *churros* oder *porras* (Fettgebäck), die in den Kakao getunkt werden. Noch was: In der Gasse bei der San-Ginés-Kirche sitzt man sehr schön.

Pasadizo de San Ginés 5, Metro: L 1, 2, 3 Sol, www.chocolateriasangines.com, Mo–Mi 8–24 Uhr, Do–So rund um die Uhr geöffnet, €

Beschaulich beginne der Tag …

Federal Café C 3

Jedenfalls meinen die beiden österreichischen Inhaber, es gebe nichts Schöneres, als zuzusehen, wie die Zeit vergeht. Dazu sind die großen Fenster zur ruhigen Plaza mit dem Comendadoras-Kloster die beste Voraussetzung. Und nebenbei können Sie sich die Zeit mit einem Toast, Sandwich, Salat oder den Tagesgerichten vertreiben.

Plaza Comendadoras, 9, Metro: L 2, L 3, L 10 Noviciado, www.federalcafe.es, Mo–Sa 9–23, So 9–17 Uhr, €

Retrotapete in Orange und Grün

Lolina Vintage D 4

Zeitreise ist möglich: Im Lolina Vintage sind Sie optisch zweifellos in den 1960er- und 70er-Jahren gelandet. Das Frühstücksangebot wirkt dagegen ganz modern. Und täglich lockt der Brunch mit Rührei, Lachs, Avocado, Hummus, Müsli und mehr. Das Ganze mittendrin im hippen Szeneviertel Malasaña.

Espíritu Santo 9, Metro: L 1,10 Tribunal, www.lolinacafe.com, Mo–Do 9.30–1, Fr 9.30–2.30, Sa 10.10–3.30, So 10.10–1, Brunch bis 16 Uhr, €

›Total Bar‹: alles ist möglich

Majaderitos Café Karte 2, D/E 6

Alle, die das Majaderitos kennen, nennen es nur »El Maja« (Das Nette). Die bodenständige Café-Taverne liegt ein bisschen versteckt im Literatenviertel und hat sich dem Konzept der *total bar* verschrieben. Wie für Madrider Viertelbars üblich, ist von morgens bis Mitternacht geöffnet, wird den ganzen Tag gekocht und serviert. Leichtes Frühstück mit *churros* und *porras* oder gleich das volle Programm mit Spiegeleiern und Speck. Hier wird jeder nett bedient und bekommt, wonach ihn gelüstet. Mit Außentischen in der Gasse.

Cádiz 9, Metro: L 1, L 2, L 3 Sol, www.elmaja.es, tgl. 7–2 Uhr, €

Hohe Räume, Stuck, Lüster, Kellner mit Haltung, zischende Espressomaschinen – Madrids **hundertjährige Cafés** können sich mit den Wienern messen! Sie denken jetzt an Kaffee-und-Kuchen-Lokalitäten? Stimmt bedingt, nämlich plus Speisen von Tapas bis Tagesmenü. Zu welcher Tageszeit auch immer, das **Gijón** am Paseo de Recoletos (▶ S. 53), das **Café de Oriente** beim Schloss (▶ S. 31), **La Pecera** im Círculo de Bellas Artes (▶ S. 58) oder das **Café Comercial** an der Glorieta de Bilbao (▶ S. 69) lohnen eine Visite. Historisch waren sie Treffpunkte der Schreiberzunft, der Debattierclubs und Freundeszirkel, die sich über die Welt Gedanken machten und bis heute machen …

Wo Kaffee- auf Tierliebe trifft

El Perro de Pavlov Karte 2, C 6

Der Hund mit Hut auf dem Firmenschild sagt es schon: Auch Vierbeiner sind in dem kleinen, charmanten Altstadtcafé willkommen. Und der Kaffee ist gut, der Tee ebenso. Dazu gibt es eine Auswahl an Toast vom Sauerteigbrot (darunter mit Tomate, Olivenöl, Kräutern), Rührkuchen oder hausgemachte Torten.

Costanilla de San Pedro 5, Metro: L 5 La Latina, Mo–Fr 9–14, 16–19, Sa 10–20 Uhr, €

WO ESSEN AUF NACHHALTIGKEIT TRIFFT

Fantasievoll glutenfrei

Artemisa Karte 2, E 6

Pizza, Pasta, Musaka, Wokgerichte, die Mischung macht's. Fantasievolle vegetarische Speisen und Bio-Weine. Alle Gerichte bis zum kompletten Tagesmenü erhalten Sie auch als Take-aways. Das ist dann sogar noch preiswerter.

Ventura de la Vega 4, Metro: L 2 Sevilla, T 914 29 50 92, www.restaurantesvegetarianosartemisa.com, tgl. 13–16, 20.30–23.30 Uhr, €

IN MARKTHALLEN ESSEN

Jeder *barrio* hat seinen Hallenmarkt, in dem Sie an Ständen mit Obst, Gemüse, Käse, Schinken, Fisch oder Fleisch vorbeiflanieren. Kleine Bars oder Deli-Stände versorgen Gäste mit Tapas und mehr, so im **Mercado de Antón Martín** (Karte 2, E 7) oder hinter der Betonfassade des **Mercado de San Fernando** (D 7/8) in Lavapiés. Der **Mercado de San Miguel** (Karte 2, C 6) neben der Plaza Mayor ist inzwischen eine einzige Gastronomielandschaft, ebenso der **Mercado de San Antón** (E 4) in Chueca. Cooler sind die Street-Food-Stände im **Mercado de San Ildefonso** (E 4), und sehr gut isst man auch im **Mercado de la Paz** (G 3) im feinen Salamanca-Viertel oder im **Mercado de los Mostenses** (C 4) hinter der Gran Vía.

Veganes für Eilige

B13 D 4

Hier geht etwas, was eigentlich nicht geht: Tortilla, die klassische Kartoffel-Ei-Torte, ganz ohne Ei! Sämtliches Essen in dem entspannten Bar-Restaurant, die große Auswahl an Fast-Food-Gerichten ist 100 % vegan. Hamburger, Hot Dogs, Kebab – Seitan und Soja machen's möglich.

Ballesta 13, Metro: L 1, 5 Gran Vía, L 1, 10 Tribunal, Di–So 13.30–16.30, 20–23, Fr, Sa bis 24 Uhr, Mitte Juli bis Ende Aug. und eine Woche im Jan. geschl., €

Ist vegan die Zukunft?

VEGA D 4

Ein veganes Restaurant im Ambiente einer modernen Taverne. Man setzt auf kreative Fusionküche, zubereitet aus ökologischen Produkten und saisonalen Lebensmitteln. Lasagne, Burrata, schwarzer Reis, Gemüsespieße, hausgemachte vegetarische Hamburger.

Luna 9, Metro: L 3, Callao, T 910 70 49 69, https://luna.govega.es, Mo–Do 13.30–17, Fr–So 13.30–24 Uhr, €

Noch gesünder geht's nimmer …

La Biotika Karte 2, E 6

Ein Vorreiter der vegetarischen Szene im Literatenviertel. Vegetarisch, makrobiotisch, vegan – das Ziel ist klar: In einem gesunden Körper steckt ein gesunder Geist. Das Menü soll glutenfrei, laktosefrei, zuckerfrei sein? Auch kein Problem. Für Proteine, Vitamine und Spurenelemente ist jedenfalls immer gesorgt. Wer selber kochen möchte, findet alles dazu im angeschlossenen Bio-Laden.

Amor de Dios 3, Metro: L 1 Antón Martín, T 914 29 07 80, www.labiotika.com, tgl. 13–16.30, Di–Sa auch 20–23 Uhr, €

Bei der Landmama

Mamá Campo E 2

Es sind die typisch spanischen Tapas und Gerichte, die im Café und im Restaurant zubereitet werden. Der Unterschied: Alle Produkte stammen aus nachhaltiger Landwirtschaft oder von stadtnahen Kleinproduzenten. Das Gemüseangebot folgt daher der

Jahreszeit, Fleisch und Fisch stammen aus Bio-Aufzucht. Einen konsequent nachhaltigen Standpunkt hat die Landmama auch bei der Einrichtung, die aus natürlichen oder recycelten Materialien besteht. Und noch ein Plus: das Lokal liegt an einem hübschen Platz.

Plaza de Olavide, Ecke Trafalgar, Metro: L 1, 4 Bilbao, T 914 47 41 38, www.mamacampo.es, Café: Mo–Fr 11.30–24, Fr, Sa bis 1, Restaurant: Mo–Sa 13–16, 20–23.30, So 13–16 Uhr, €–€€

Die vegetarische Taverne

Restaurante vegetariano

Karte 2, C 6

Ein bescheidener Auftritt: Am alten Holzportal steht dezent: Restaurante vegetariano. Hat man die Adresse nicht im Kopf, läuft man schnell daran vorbei. Das Beste an diesem kleinen Lokal im Stil einer traditionellen Madrider Taverne ist, dass man auch draußen sitzen kann, in einer autofreien Altstadtgasse. Und das Essen bei Kaori und Dani ist so gut, dass selbst Männer kein Fleisch vermissen.

Santiago 9, Metro: L 2, L 5 Ópera, L 1, L 2, L 3 Sol, T 917 58 35 88, Fr–Mi 13.30–16, Fr, Sa auch 20–23 Uhr, im Aug. teils geschl., €

INSTITUTIONEN UND SZENETREFFS

Andalusische Variationen

BIBO nördl. F/G 1

Dani García aus Málaga hat sich schon Michelinsterne erkocht. Sie wollen sehen, wie das geht? In seinem hohen, hellen Restaurant können Sie bis in die Küche schauen. Da wird gebrutzelt und gebraten und gekocht: traditionelle und neu erfundene Tapas und andalusisch inspirierte Küche, die auf Thunfisch (köstlich!) nicht verzichten mag. Mittags wird es oft rappelvoll, die Krawattenträger aus den Büros kommen zu Tisch. Sie können sich aber auch an die urige runde Theke setzen. Die Mischung aus formell und informell, Etikette und locker ist gut. Sind es ein paar Kellner zu viel? Egal, es sind Arbeitsplätze!

Paseo de la Castellana 52, Metro: L 7, L 10 Gregorio Marañón, T 918 05 25 56, www.grupodanigarcia.com, tgl. 13–1 Uhr, €€–€€€

TORTILLA ESPAÑOLA

Kartoffel-Ei-Torte ist ein spanisches Grundnahrungsmittel. Es gibt sie in jeder Bar, auf jeder Tapas-Liste – mal dicker, mal dünner, mit oder ohne Kräuter. Wirklich gut schmeckt sie in **Las Tortillas de Gabino,** Rafael Calvo 20, www.lastortillasdegabino.com (F 2), bei **Txirimiri,** Ferraz 38, www.txirimiri.es (B 3), **Juana la Loca,** Puerta de Moros 4, www.juanalalocamadrid.com (Karte 2, C 7) oder in Lavapiés im **La Falda,** Miguel Servet 7, www.lafalda.es (E 7/8).

Schinken, hauchdünn abgesäbelt

Ferretería Karte 2, E 6

Cool ist der erste Eindruck: stylishes Ambiente in einer alten Eisenwarenhandlung, eine Mixtur aus Original-Einrichtung von Anfang des 20. Jh. und moderner Designkunst. Köstlich ist der zweite: feine Küche, langsam auf dem Holzfeuer geschmort und aromatisch abgeschmeckt. Kreativ rundumerneuert, so schmecken hier Madrids Traditionsrezepte – ob als Tapa, Aufschnittplatte oder à la carte. Kosten Sie den Iberischen Schinken!

Atocha 57, Metro: L 1 Antón Martín, www.ferreteriarestaurante.com, Mo–Sa 12.30–1, So 12.30–17 Uhr, €€

Tapas mit Wohlfühlfaktor

Celso y Manolo Karte 2, E 5

Sie können sich einfach an den Tresen setzen – und kommen vielleicht gleich ins Gespräch. Selbiger, der Tresen also, stammt noch aus der alten Taverne der zwei Männer aus dem nordspanischen Asturien, Celso y Manolo, die das Lokal lange geführt haben. Jetzt hat die nächste Generation das Ruder übernommen. Die Atmosphäre ist entspannt, die Auswahl an Tapas und *raciones* gut: Salate, Kroketten, Tortilla, Käse, Stockfisch und *chuletón* (Kotelett) in zwei Varianten: vom Bio-Rind oder fleischlos, bestehend aus Tomaten, Avocado, Papaya, Mango, roten Zwiebeln, Koriander. Alles gut!

Libertad 1, Metro: L 2 Banco de España, L 1, 5 Gran Vía, T 915 31 80 79, www.celsoymanolo.es, tgl. 12–0.30 Uhr, €–€€

Was soll nur das Dreirad bedeuten?

El Triciclo Karte 2, E 6
Triciclo, das ›Dreirad‹, überzeugt bereits durch die behagliche Einrichtung – mit dekorativ in Szene gesetzten Minidreirädern. Die Küche setzt auf Frische und Qualität, Slow Food statt Fast Food, begleitet von einem guten Glas spanischem Wein. Lamm aus dem Ofen, Stockfisch, gegrillte Krake – wirklich gut! Wer keinen Platz bekommt (reservieren), kann in den Thekenbereich ausweichen und Tapas oder *raciones* probieren.

Santa María 28, Metro: L 1 Antón Martín, T 910 24 47 98, www.eltriciclo.es, Mo–Sa 13–16, 20–23 Uhr, €€

Rustikales auf die feine Art

Julián de Tolosa Karte 2, C 6
Rustikales Altstadtrestaurant mit Ziegelgewölben im Souterrain, das mit riesigen *tinajas* (Tonfässern) dekoriert ist. Eine gute Adresse für Steaks, genauer: riesige Rinderkoteletts (eins reicht für zwei), und *pimientos del piquillo* (geschmorte rote Paprika). Die erstklassigen Produkte aus Navarra in Nordspanien (dort liegt übrigens auch die namengebende Stadt Tolosa) werden wahlweise oben oder unten im Gewölbekeller serviert.

Cava Baja 18, Metro: L 5 La Latina, L 1, 2, 3 Sol, T 913 65 82 10, www.juliandetolosa.com, Mo–Sa 13.30–16, 21–24, So 13.30–16 Uhr, €€–€€€

Das Essen kommt, man ist gespannt. Aber keine Sorge, in der Taberna La Carmencita ist alles okay. Das fand schon Pablo Neruda – kennen Sie nicht? Chilene, Dichter … siempre por el pueblo … er wusste, was gut ist.

Madrider Eintopf

La Bola Karte 2, C 5

Ein Eintopf aus Kichererbsen, Kartoffeln, Karotten, Kohl, Fleisch vom Hühnchen oder Rind, dazu Blutwurst, Paprikawurst, Speck – ein deftiges Essen, das stundenlang auf dem Feuer köcheln muss. Das gibt es in dem rustikalen Altstadtlokal mit dem Charme der guten alten Zeit. Seit 1870 kommt im La Bola *cocido madrileño* in Tontöpfen auf den Tisch. Auch der Rest der Speisekarte gibt sich total traditionsbewusst.

Bola 5, Metro: L 2, 5, R Ópera, T 915 47 69 30, www.labola.es, So–Mi 13.30–15.30, Do–Sa 13.30–21 Uhr (rechtzeitig reservieren!), €€–€€€

Kutteln für Feinschmecker

La Tasquita de Enfrente D 4

Klein, stilvoll, persönlich – Juanjo López scheint irgendwie gleichzeitig am Herd und bei seinen Gästen zu stehen. Das Lokal, das vor einem halben Jahrhundert als traditionelle Bar anfing, ist jetzt ein angesagtes Restaurant. Denn die Essenz der spanischen Küche bringt Juanjo mit einem Hauch von Innovation groß heraus. Ein Standardgericht sind Kutteln, so fein, so delikat, so ungewöhnlich, dass man in aller Zukunft nur noch …

Ballesta 6, Metro: L 5 Gran Vía, T 915 32 54 49, www.latasquitadeenfrente.com, Di–Sa 13.30–16, 20.15–23.30 Uhr €€€

So schön, die Kacheln!

Taberna de Elisa Karte 2, F 6

Während der Movida Madrileña in den 1970er- und 80er-Jahren war das Lokal ein beliebter Szene-Treffpunkt. Heute konzentriert man sich wieder mehr aufs Essen. Die Fliesen an den Wänden beweisen über 120 Jahre Geschichte, passend dazu gibt sich die Küche traditionsbewusst und regional: von *patatas bravas* bis *boquerones al vinagre*.

Santa María 42, Metro: L 1 Antón Martín, T 914 21 64 09, www.eltriciclo.es/la-elisa, tgl. 13–23 Uhr, €€

Die Aromen der Kultur

Taberna La Carmencita E 4/5

Große Schriftsteller haben in der alten Taverne schon gesessen und gegessen: Pablo Neruda, Rafael Alberti oder Miguel Hernández. Zu den dekorativen Wandkacheln, der betagten Holztheke und den alten Türen passen Blümchenteller und Silberbesteck. Ansonsten wirkt das Ganze wie ein gemütliches Bistro, in dem man sich nachmittags und abends auch einfach mal zu einem Cocktail trifft und die Zeit verstreichen lässt. Gekocht wird nach 75 historischen Rezepten, aber jetzt mit Bio-Fleisch und Bio-Gemüse. Auch Reis- und Fischgerichte stehen auf der Karte, die Portionen sind riesig. Eine bunt gemischte sympathische Crew aus Spaniern und Afrikanern schmeißt den Laden.

Libertad 16, Metro: L 2 Banco de España, L 5 Chueca, T 915 31 09 11, www.tabernalacarmencita.es, Mo–Do 12.30–16.30, 19.30–24, Fr–So 12.30–16.30, 19.30–1 Uhr, €€

EXPERIMENTIERFREUDIG UND UNGEWÖHNLICH

Unprätenziös baskisch

Barrutia y el 9 F 3

Nicht fein, eher rustikal, das Mobiliar bunt zusammengewürfelt: Die Räume sehen irgendwie provisorisch aus und haben doch Stil, und das helle Türkis setzt mediterrane Akzente. Das Personal ist ebenso bunt gewürfelt. Koch und Inhaber Barrutia ist Baske, und schon deswegen, quasi aus genetischen Gründen, versteht er was von Essen und Wein. Die getrüffelte Tortilla ist großartig, die *croquetas* mit Cabrales-Käse sind es ebenso wie der Reis mit Sepia und Herzmuscheln. Vegetarische Speisen sind auf der Karte grün gekennzeichnet.

Santa Teresa 9, Metro: L 4, L 5, L10 Alonso Martínez, T 913 19 29 46, www.barrutiayel9.com, So, Mo 13–17, Di–Sa 13–17, 20–24 Uhr, €

Schon wegen all dem Käse

Almacén de vinos – Casa Gerardo C 7

Die Altstadttaverne in La Latina gibt es bereits seit 60 Jahren; davor war sie ein Weinladen, ein *Almacén de Vinos.* Und sie sieht immer noch aus wie diese typischen kastilischen Bodegas mit riesigen

Spanischer Schinken, **Jamón Ibérico,** ist oberköstlich – und auf jeder Tapas-Karte zu finden, selbst auf den Speisekarten der Restaurants. Sogar Hipster zieht es inzwischen in Bars vom Typ ›retro‹, wo sie zu Wein oder Bier Schinken essen. Er muss frisch mit dem Messer aufgeschnitten werden, deswegen sehen Sie allerorten die luftgetrockneten *patas* in den Lokalen hängen. Gute Qualität erkennt man übrigens an der roten Farbe und den bei Raumtemperatur glänzenden Scheiben. Herausragende Schinken kommen aus der Extremadura und aus Jabugo in Andalusien.

Tonfässern, Holzbalkendecke und einer alten Bistro-Einrichtung. Neben anderen Tapas gibt es die besten spanischen Käse zum Glas Wein: *Idiazabal, Manchego, Gamoneu, Cabrales,* die cremige *Torta de Carejal* oder den *Queso del hippie* (Hippiekäse) aus Nordspanien.
Calatrava 21, Metro: L 5 La Latina, T 912 21 96 60, Mo–Do 13–16, 19.30–24, Fr 13–16, 20.30–1 Sa 13–17-30, 20.30–1, So 13–17.30 Uhr, €

Heute essen wir Pilze

Cisne Azul E/F 4

Nur wenige Tische hat dieses unprätentiöse Lokal in Chueca; an denen sitzen auch schon mal stadtbekannte (Medien-)Menschen. Die Idee zu dieser Taverne hatten Julián, der selbst leidenschaftlich in den Gebirgen nahe Madrid Pilze sammelte, und sein Sohn Miguel. Das Cisne Azul tischt Gerichte aus Wildpilzen auf, aber auch Rinderfilet, Ziegenkoteletts, Stierschwanz sowie Salate. Die Weine dazu kommen aus La Rioja und Ribera del Duero.
Taverne: Gravina 17, Restaurant: Gravina 27, Metro: L 5 Chueca, T 915 21 37 99, www.elcisneazul.com, Di–Sa 13–16, 20–23, So 13–16 Uhr, €–€€

Hohe Kochkunst im Fabrikambiente

DSTAgE E/F 4

Das Lokal des renommierten baskischen Kochs Diego Guerrero, mitten in Chueca, ist so etwas wie ›Diegos Bühne‹ (engl.: *stage*) für gastronomische Experimente; ansonsten steht DSTAgE auch für *Days to smell, taste, amaze, grow & enjoy.* Die Räume sind angenehm informell, haben mit Ziegelwänden und Metalllampen etwas von Fabrik: Kochfabrik eben. Es gibt keine Karte, sondern zwei Menüs. Die umfassen: sternengekürte avantgardistische Fusion-Küche.
Regueros 8, Metro: L 4, 5, 10 Alonso Martínez, T 917 021 586, www.dstageconcept.com, Di 21–22.30, Mi–Sa 13.30–15.30, 21–22.30 Uhr, €€€

Álex kocht dir was …

Tres por Cuatro K 3

Drei mal vier, so lautet der Name. Zwar gibt es Klassiker auf der Karte *(Los de siempre),* aber ein Grundbestand der Gerichte wird alle drei Monate, also

LAS PATATAS BRAVAS

Ganz schön scharf – der soßige Begleiter der frittierten Kartoffelecken! Jedes Lokal hütet sein Geheimnis, welche Gewürze die *salsa* so pikant – und die Gäste so (bier-)durstig machen. *Patatas bravas* sind eine typisch madrilenische Tapa, die man meist als *ración* bestellt, um sie mit Freunden zu teilen. Am besten schmecken die ›mutigen Kartoffeln‹ zweifellos im **Las Bravas** (Karte 2, E 6). Zum Familienunternehmen gehören mehrere Tavernen im Stadtzentrum, doch am urigsten ist es im Mutterschiff in der Nähe der Plaza Santa Ana, wo man seit 1950 zur Tapa natürlich auch Brot bekommt, um die Soße ganz ›auszuwischen‹.
Álvarez Gato 3, Metro: L 1, L 2, L 3 Sol, www.lasbravas.com, Mo–Do 12–16.30, 19.15–0.15, Fr–So 12–17, 19.15–0.15 Uhr, €

Der Schinken glänzt seidig … und der Wein dazu erst! Man gönnt sich ja sonst nichts. Der Beweis, wie gut das ist: Auch die Jugend hät eisern an der Tradition der Großväter fest.

vierteljährlich, getauscht. Für Álex Marugán gibt die Saison den Ton an, zumal sein Gemüse von einem kleinen Produzenten stammt. Und das gilt ebenso für alles aus dem Meer. Am Herd mixt er in das Spanische ein bisschen Mexiko und etwas Peru. Interessant und sehr lecker. Deswegen ist das kleine Lokal im modernen Bistro-Stil immer voll, auch wegen der Stammgäste. Wenn Sie keinen Platz bekommen, was zumindest spontan schwierig ist, können Sie ja mal auf der Website in der Gaceta Mensual die monatlichen Youtube-Filmchen ansehen, die Álex dort einstellt. Und versuchen, ihn zu Hause nachzukochen.
Montesa 9, Metro: L 2, 4 Goya, L 2, 6 Manuel Becerra, T 915 65 45 57, www.tresporcuatro madrid.com, Mo–Fr 13.30–17.30, 20–0.30 Uhr, €–€€

Turnschuhe, die satt machen

Melo's Karte 2, E 7
Ein paar junge Leute aus Lavapiés haben das Melo's übernommen, als der Galicier Ramón es aus Altersgründen aufgab. Sie wollten sich nicht damit abfinden, dass es seine allseits beliebten *croquetas* (Kroketten) oder die *zapatillas* (geröstete Brotscheiben, dick mit Kochschinken und Käse belegt) nicht mehr geben würde. Die *zapatillas* (Turnschuhe) taugen nicht zum Laufen, aber zum Sattwerden. In rasender Geschwindigkeit werden in dem kleinen Lokal alle Bestellungen erledigt, es gibt ein paar Tische, aber viele Gäste essen im Stehen. Das Publikum ist überwiegend jung. Seit 2023 gibt es die Riesensandwiches auch in einer Zweigstelle in der Calle Andrés Mellado 16 (C 2).
Ave María 44, Metro: L 3 Lavapiés, tgl. 13–16, 19.30–23.15, €

Ambiente: familiär im besten Sinne

Badila Karte 2, D 7
Kann heutzutage noch funktionieren, was man früher *casa de comidas*, Speisehaus, nannte? Ja. Das kleine, charmante Lokal beweist es. Gäste stellen sich ihr Menü aus einer kurzen Auswahl täglich wechselnder Vorspeisen, Hauptgerichte und Nachtisch zusammen. Inhaber Miguel kümmert sich persönlich um Küche und Einkauf. Es schmeckt mediterran, aber die Crew probiert auch gern mal Neues: Marokkanisch, Asiatisch, Lateinamerikanisch.
Cabeza 7, Ecke San Pedro Mártir 6, Metro: L 1 Tirso de Molina, T 914 29 76 51, tgl. 13.30–17.30 Uhr, €

ZUM SELBST ENTDECKEN

Am Stadtboulevard Gran Vía beginnt die **zentrale Shoppingzone,** die sich rund um die Puerta del Sol in den Fußgängergassen Arenal, Mayor, Preciados, Carmen, Carretas und Montera fortsetzt.

An der Calle de Fuencarral zwischen Chueca und Malasaña und ebenso in der Calle Almirante reihen sich kleinere **Mode- und Szeneläden** für junge und sich jung fühlende Shopper.

Die Calle de Serrano ist die Adresse der großen spanischen und internationalen **Haute Couturiers.** Madrids Edeladresse in Sachen Mode schlechthin.

Läden der **Alternativszene** konzentrieren sich in den Vierteln Chueca, Lavapiés und Malasaña, dort vor allem in der Calle Conde Duque.

Die Mischung macht's

Auch das gehört zu den Vergnügen in Madrid: durch die Gassen laufen und sich von einem bunten Sammelsurium an Läden inspirieren lassen. Die Mischung aus modernen Konzepten und alten Kramläden, Superstores und Kleinkommerz macht's. Überraschend: noch überleben in Zentrumslagen ein paar Familienbetriebe und Centenarios, also hundertjährige Traditionsläden.

Zara ist inzwischen weltweit zu einem Aushängeschild für *moda a la española* geworden. Die Mode- und die Schuhbranche zählen zu Spaniens kreativsten Wirtschaftszweigen. Auf der Modemesse im September zeigen sie ihre Kollektionen, die dann bald weltweit in den Schaufenstern stehen. Die Website www.madridcapitaldemoda.com präsentiert die Stadt als Modemetropole und Kapitale spanischen Designs. Natürlich haben hier alle spanischen Haute Couturiers ihre Shops oder Showrooms. Von daher: Madrid ist die Gelegenheit, um Kleidung und Schuhe in allen Qualitäts- und Preisstufen einzukaufen.

Daneben hat eine Handvoll hundertjähriger Geschäfte überlebt, inzwischen mit eigener Website: https://comercioscentenariosdemadrid.es. In viele alte Ladenlokale in den Altstadtvierteln ist eine junge Generation nachgerückt, die sich an kreativen Ideen versucht. Ausgelöst durch die seit Jahren hohe Jugendarbeitslosigkeit, versucht sie im Kleinkommerz eine Perspektive zu finden. Mit erfrischenden Ideen mischen sie die Szene auf.

Die Shops im Szeneviertel Malasaña präsentieren ihre Mode ziemlich hip.

LESEN UND HÖREN

Kochbücher und Kochkurse

A Punto E 4

Die Küche Spaniens, die Küchen der Welt in Kochbüchern, in denen das Blättern den Appetit und die Lust aufs Selbermachen anregt. Die schönen Ausgaben gibt es teils auch in Fremdsprachen. Ergänzend zum Angebot an Wein-Büchern lässt sich der eine oder andere Tropfen an Ort und Stelle probieren. Auf der Website finden Sie auch Kochkurse und Weinproben.

Farmacia 6, https://apuntococina.com, Metro: L 5 Chueca, Mo 16–20, Di, Mi 10–14, 17–20, Do 12–20, Fr 14–20, Sa 11–16.30 Uhr, im Aug. zwei Wochen geschl.

Das Kulturkaufhaus

FNAC Karte 2, D 5

Eine Riesenauswahl an Musik aller Richtungen, darunter viel Flamenco und spanische Bands, dazu Filme, Bücher und Magazine sowie internationale Presseerzeugnisse. Das FNAC ist ein Kultur-Supermarkt mitten in der Stadt, inklusive Vorverkauf von Konzert- und Veranstaltungstickets.

Preciados 28, www.fnac.es, Metro: L 3, 5 Callao, Mo–Sa 10–21.30, So, Fei 12–21.30 Uhr

Das Haus des Buches

La Casa del Libro Karte 2, D 5

Die mehrstöckige Buchhandlung des Verlags Espasa Calpe gehört seit Anbeginn zur Großen Straße Madrids und ist ein Treffpunkt von Autoren und Lesern.

Gran Vía 29, Metro: L 1, 5 Gran Vía, www.casadellibro.com, Mo–Sa 9.30–21.30, So, Fei 11–21 Uhr

Unterirdisch: Schallplatten & DVDs

La Metralleta Karte 2, D 5

Die gute alte Vinylscheibe ist wieder im Kommen, die Abspielqualität macht's möglich. Seit über 30 Jahren, anfangs mit einem Stand auf dem Rastro (Flohmarkt), hat sich La Metralleta auf den An- und Verkauf von alten Kollektionen und Raritäten aller Musikrichtungen spezialisiert. CDs gibt es ab 3 €.

Plaza de San Martín, in der unterirdischen Ladengalerie beim Parkhaus, www.discoslametralleta.com, Metro: L 3, 5 Callao, Mo–Sa 10–14.30, 16.30–20.30 Uhr

SPANIEN SCHMECKEN

Feines vom Konditor

Antigua Pastelería del Pozo Karte 2, E 6

Fast zwei Jahrhunderte hat dieser Zuckerbäcker auf dem Buckel, die Konditorei wurde 1830 gegründet. Ihre Torten und Kuchen, Pralinen und Marzipan, alles aus eigener Produktion, sind immer noch etwas Besonderes. Qualität überlebt eben.

Pozo 8, Metro: L 1, 2, 3 Sol, www.antiguapasteleriadelpozo.com, Di–Sa 9.30–14, 17–20, So, Fei 9.30–14 Uhr, Mitte Juli bis Anf. Sept. geschl.

Spanien, so süß

Casa Mira Karte 2, E 6

Seit 1855 gibt es in diesem Lädchen die aus der Region Alicante stammende Süßigkeit *turrón* aus Mandeln, Eiweiß und Zucker, und zwar aus eigener Herstellung. Wenn das keine Tradition ist! Und das strahlt der Laden auch aus. Zu Weihnachten kommt kein Madrilene daran vorbei. Aber warum sollte man bewährt Gutes eigentlich nur zu Weihnachten essen?

Carrera de San Jerónimo 30, Metro: L 1, 2, 3 Sol, www.casamira.es, Mo–Sa 10–14, 17–20, So außer Juni–Sept., Fei 10.30–14.30, 17.30–20.30 Uhr, im Juli, Aug. geschl.

Von Olivenöl bis Schinken

López Pascual D 4

Seit 1919 ist das Familiengeschäft auf iberischen Schinken spezialisiert. Er stammt aus Jabugo (Huelva) oder Guijuelo (Salamanca) und wird hier von Hand so geschnitten, wie es sich gehört. Außerdem gibt es Wurst, Käse, Olivenöl, Vega-Sicilia-Weine (Ribera del Duero) – lauter feine Sachen in einem unprätentiösen Laden.

Corredera Baja de San Pablo 13, Metro: L 3, 5 Callao, www.lopezpascual.com, Mo–Fr 10–14, 17.30–20.30, Sa 10–14 Uhr

Was man mit Sneakers nicht alles anfangen kann. Die Designer von Victoria zeigen es der Welt. Pumps und so? Wird überbewertet!

Alles bio

La Magdalena de Proust E 4

Ein Pionier in Sachen Bio-Brot in Madrid. Ob Brot, Kuchen oder Salzgebäck, die Zutaten sind ausschließlich natürlich und ökologisch und gesund. In dem Laden können Sie sich guten Gewissens mit Obst, Gemüse oder Salat eindecken, denn sie kommen aus dem eigenen Anbau. Schokolade, Eingemachtes, Käse und vieles mehr sind bio.

Pelayo 43, Metro: L 5 Chueca, www.lamagdalenadeproust.com, Mo–Fr 10–14.30, 17.30–20, Sa 10–14 Uhr

Feinkost seit 1931

Mantequerías Bravo G 3

Ein Feinkostladen vom Feinsten im feinen Salamanca. Elena Bravo, eigentlich Journalistin, führt das Familienunternehmen in der dritten Generation. Schon die alte Fassade aus Mahagoniholz steht für Tradition und Gediegenheit. Die Delikatessen, ob Aufschnitt, Saucen, Olivenöl, Trüffel, Gewürze oder Kaviar und Thunfischkonserven, gibt es auch als Präsentkörbe.

Ayala 24, Metro: L 4 Serrano, https://manteriasbravo.com, Mo–Fr 10–14, 17.30–20.30, Sa 10–14.30 Uhr

Für Liebste und Geliebte

La Violeta Karte 2, E 6

Schon König Alfons VIII. soll seiner Frau und der einen oder anderen Geliebten Veilchenbonbons geschenkt haben. Daraus wurde eine Mode und eine Madrider Spezialität. Drei Mal dürfen Sie raten, welche Farbe und welche Form die Bonbons haben? Richtig! Sie werden in dem 1915 gegründeten Laden auch in hübschen Schachteln und Metalldosen angeboten. Macht als Mitbringsel durchaus was her.

Plaza de Canalejas 6, www.lavioletaonline.es, Metro: L 1, 2, 3 Sol, Mo–Sa 10–20 Uhr, Aug. geschl.

Ein herrlicher alter Laden

Licorería Mariano Madrueño Karte 2, D 5 und C 7

Die Licorería Madrueño gehört zu den sogenannten *centenarios*, den hundertjährigen Läden der Stadt. Respekt! Aber Alter schützt vor Mieterhöhungen nicht, und deswegen musste der 1895 gegründete Familienbetrieb am Postigo de San Martín vor einigen Jahren ein paar Häuser weiterziehen. Ein Glück, dass die Räume einer ehemaligen Likörfabrik frei wurden.

Die Umgebung passt zu den Weinen aus ganz Spanien, sogar aus der Region Madrid. Selbst ein paar Antiquitäten und urige Utensilien aus früheren Zeiten sind mit umgezogen. Auch im moderneren Schwesterladen in der Calle Calatrava ist die Weinauswahl exzellent.

Postigo de San Martín 6, Metro: L 3, 5 Callao; Calatrava 19, Metro: L 5 La Latina, www.marianomadrueno.es, Mo 10–14, Di–Sa 10–14 (Sa ab 11), 17.30–20.30 Uhr; Mitte Juni bis Mitte Sept. Sa nachmittag geschl., Sommerpause Anfang Aug.

Nahrhaft und gesund
Patrimonio Comunal Olivarero E 3

Aceite de oliva virgen, kaltgepresstes Olivenöl, aus allen spanischen Regionen und in zig Geschmacksvarianten gibt es hier, auch in schönen Geschenkpackungen und ausgefallenen Flaschen. Gute Beratung ist selbstverständlich, aber nur auf Spanisch.

Mejía Lequerica 1, www.patrimoniolivarero.com, Metro: L 4, 5, 10 Alonso Martínez, L 1, 10 Tribunal, Mo–Fr 10–14, 17– 20, Sa 10–14, im Aug. Mo–Sa 10–14 Uhr

It's time? It's ...
Tea Time Karte 2, D 5

Der Laden für Kaffee- und Tee-Süchtige. Die rund 250 angebotenen Sorten kommen aus den verschiedensten Weltgegenden. Ein Tässchen an Ort und Stelle trinken Sie im kleinen *cafetín* oder auf der Mini-Außenterrasse.

Plazuela de San Ginés 2, Metro: L 1, 2, 3 Sol, https://teterimundi.com/es/, Mo–Sa 11–20, So 12–20 Uhr

MODE UND MEHR

Leicht beschuht läuft besser!
Antigua Casa Crespo D 3

Unglaublich alt ist der Laden schon, er besteht seit 1863. In den Regalen liegen *alpargatas* in allen Farben und Größen, und die sind inzwischen wieder groß in Mode. Es gibt nichts Bequemeres, Frischeres, Preiswerteres für die Füße als Leinenschuhe. Ana Ladrón und Maxi Garbayo bedienen ihre Kunden persönlich und freundlich. Produziert werden die *alpargatas* in einem nordspanischen Familienbetrieb.

Divino Pastor 29, www.alpargateriacrespo.com, Metro: L 1, 4 Bilbao, Mo–Sa 10–13.30, 17–20.15 Uhr, im Aug. drei Wochen geschl.

Spanische Schuhklassiker
Calzados Lobo Karte 2, D 6

Der seit Ende des 19. Jh. bestehende Familienbetrieb ist noch so ein richtiger traditioneller Schuhladen – und preiswert. Hier werden spanische Klassiker wie *alpargatas*, *ibicencas* (Ibizenker) oder leichte Stoffturnschuhe in allen Farben angeboten, dazu Ballett- und Flamencoschuhe oder Reitstiefel. Richtig süß sind die Baby- und Kinderschuhe. Das meiste kommt aus heimischer Produktion und vieles wird sogar noch in Handarbeit gefertigt. Ein paar Schritte weiter die Calle de Toledo hinauf finden Sie die stadtbekannte Alpargatería Casa Hernanz (► S. 22).

Toledo 30, www.calzadoslobo.com, Metro: L 5 La Latina, L 1 Tirso de Molina, L 1, 2, 3 Sol, Mo–Fr 9.30–14, 16.30/17–20/20.30, Sa 10–14 Uhr

Spanische **Haute Couture** hat sich in der Welt der Mode einen Namen gemacht. Als Botschafter spanischer Kreationen wurden Amaya Arzuaga, Adolfo Domínguez, Purificación García, Alfonso Loewe, Ágatha Ruiz de la Prada oder Roberto Verino international bekannt. In Madrid finden sich ihre Läden und Showrooms rund um die untere **Calle de Serrano** (► S. 55, G 2–4), die gern als *milla de oro* (Goldmeile) bezeichnet wird. Auch die **Gran Vía** (► S. 57) und sogar die Gässchen von **Chueca** (► S. 63) sind inzwischen für die Modeschöpfer interessant geworden. Im Januar und August ist Schlussverkaufszeit, dann purzeln die Preise!

FLOHMARKT-FUNDGRUBEN

Neben dem **Rastro** (► S. 75, 🗺 D 7) hat sich ein weiterer Flohmarkt etabliert: der **Mercado de Motores.** Der Ort ist speziell: Im Museo Nacional del Ferrocarril wechseln zwischen ausrangierten Lokomotiven Mode im Retrolook, Hippes im Vintage-Design oder alte Möbel ihren Besitzer. Livemusik und Gastro-Stände sorgen für Stimmung (Eisenbahnmuseum, Paseo de las Delicias 61, www.mercadodemotores.es, 2. Wochenende im Monat Sa, So 11–21/22 Uhr, 🗺 südl. F 8). Auf der schattigen Plaza del Conde de Barajas findet sonntags der Künstlermarkt **Mercadillo de Pintores** statt (🗺 Karte 2, C/D 6, 10–14 Uhr). Und an jedem 1. Samstag im Monat macht es Spaß, entlang all der Stände des **Mercado de las Ranas** in der Calle de Huertas zu flanieren (🗺 Karte 2, E/F 6, Froschmarkt, 12–19 Uhr).

Häng dir was um, das dich wärmt

Capas Seseña 🛍 Karte 2, E 6

Der 1901 gegründete Laden hat Hochkonjunktur bei Persönlichkeiten des öffentlichen Lebens, die sich in feines Tuch hüllen möchten, genauer gesagt in Capes aus bestem Wollstoff. Schon Picasso kaufte hier ein, ebenso Michael Jackson. Und dann gibt es auch noch die guten alten spanischen Schultertücher. So funktional wie dekorativ.

Cruz 23, www.sesena.com, Metro: L 1, 2, 3 Sol, Mo–Fr 10–20, Sa 10.30–14.30 Uhr

Kaufen und Gutes tun

Pantera 🛍 Karte 2, D 7

Der Sindicato de Manteros setzt sich für Migranten ohne Arbeitserlaubnis ein, überwiegend Senegalesen. Um zu überleben, betätigen sie sich oft als fliegende Händler, die Kleidung, Accessoires etc. auf Tüchern oder Decken ausbreiten. Nähern sich Ordnungshüter, klauben sie mit einem Handgriff alles zusammen und hauen ab. Daher der Name *manteros.* Pantera ermöglicht es ihnen, ihre selbst hergestellten Waren legal zu verkaufen!

Mesón de Paredes 54, Metro: L 3 Lavapiés, Di–Sa 10.30–14.30, 17.30–21.30 Uhr

Natürlich lässig

Lurdes Bergada 🛍 E 4 und F 4

In den Farben dezent, in den Schnitten lässig, in den Materialien natürlich: Die Kleider, Jacken, Hosen und T-Shirts des aus Barcelona stammenden Designer-Duos Lurdes Bergada und Sohn Syngman Cucala sind einfach Hingucker. Ihre Kultmode könnte in Japan Verwandte haben. Und ist sogar bezahlbar.

Conde de Xiquena 8, www.lurdesbergada.es, Metro: L 4, 5, 10 Alonso Martínez, L 4 Colón, L 5 Chueca, Mo–Sa 10.30–14.30, 16–20.30 Uhr, Augusto Figueroa 1, Metro: L 5 Chueca, Mo–Sa 10.30–21, So 11–15, 16–20 Uhr

Stoffiges, made in Madrid

peSeta 🛍 Karte 2, E 6, Karte 1, E 4

Der Renner sind hier die Taschen und Rucksäcke, aber es gibt auch Kleider, Hemden und Blusen und alle möglichen anderen Sachen, die sich aus Stoff herstellen lassen. Die Designs und Farben machen ebenso den Unterschied wie der Gedanke an Nachhaltigkeit und die Entscheidung, alles in Spanien und Portugal zu produzieren und überwiegend sogar in Madrid.

Huertas 37, Metro: L 1 Antón Martín; Hortaleza 64, Metro: L 5 Chueca, www.peseta.org, Mo–Sa 11–21, So 12–20 Uhr

Aus der eigenen Lederwerkstatt

Puntera 🛍 Karte 2, C 6

Es ist ein stiller Platz mitten in der Altstadt, an dem der Laden mit seinem schönen Angebot an Handtaschen,

Aktentaschen, Rucksäcken, Lederbörsen, Etuis, Gürteln, Gürteltaschen, lederbezogenen Notizbüchern liegt. Es gibt sie auch in schrillen Farben, etwa in Pink. Interessant vor allem: das Ganze wird an Ort und Stelle von Hand angefertigt, Sie dürfen dabei zuschauen.

Plaza Conde de Barajas, 4, www.puntera.com, Metro: L 1, 2, 3 Sol, Mo–Sa 10–14.30, 16–20.30 Uhr

Vintage aus Malasaña

Triolet Vintage E 4

Geschmackvoll aufgemacht ist der kleine Laden, der auf Kleidung im zeitlos-modernen Vintagestil spezialisiert ist. Es gibt Neues, aber ebenso Second Hand: Hemden, Hosen, Kleider, Blusen, Röcke, Sporttaschen, Turnschuhe, Stiefel, dazu Accessoires wie Brillen, Kopfbedeckungen und ausgewählte Dekostücke.

Corredera Alta de San Pablo 18, Metro: L 3, 4 Bilbao, So–Do 11–21.30, Fr, Sa 11–22 Uhr

GESCHENKE, DESIGN, KURIOSES

Ab in die Hängematte!

La Tienda de las Hamacas

Karte 2, E 7

Für den gebürtigen Mexikaner Carlos ist der kleine Laden mehr Hobby als Hauptberuf (eigentlich baut er Solaranlagen). Hängematten in allen möglichen Farbmustern und Größen füllen die Regale. Gefertigt werden die *hamacas* von Frauen in Yucatán, die ihren Lebensunterhalt mit dem traditionellen Handwerk bestreiten.

Ave María 18, Metro: L 3 Lavapiés, L 1 Antón Martín, https://hamacas.org, Di–Fr 18–22, Sa, So 12–17 Uhr

Fächeln und Flirten

Casa Diego Karte 2, D 5

Sie meinen, Fächer seien dazu da, sich an heißen Tagen Luft zuzufächeln? Auch, aber sie sind für frau zudem ein nützliches Accessoire beim Flirten. Die Casa Diego, in bester Lage an der Puerta del Sol, verkauft und fabriziert seit 1858 Fächer in allen Preislagen und Qualitäten, dazu Spazierstöcke und Regenschirme.

Puerta del Sol 12, www.casadediego.net, Metro: L 1, 2, 3 Sol, Mo–Sa 9.30–20 Uhr

Von Understatement bis Hingucker

Codo 3 Karte 2, C 6

Handgemacht sind die Schmuckstücke im kleinen Laden: Halsketten, Ringe, Armbänder, Ohrringe, Hingucker für den großen Auftritt oder betontes Understatement. Die Stücke aus Silber, Zinn, Holz oder Steinen stammen von spanischen Künstlern und Kunsthandwerkern.

Codo 3, www.codo3.com, Metro: L 1, 2, 3 Sol, So–Do 11–19, Fr, Sa 11–20 Uhr, im Aug. geschl.; weitere Filialen: Mayor 57 und Cuchilleros 5 (Öffnungszeiten s. Website)

Traumküchen

El Alambique Karte 2, C 5

Gehören Sie auch zu denen, die schon wegen all der schönen Kochutensilien so gerne am Herd stehen? Dann kommen Sie aus diesem Laden so schnell nicht wieder raus.

Plaza de la Encarnación 2, Metro: L 2, 5, R Ópera, L 2 Santo Domingo, www.alambique.com, Mo–Fr 10–20, Sa 10–14 Uhr, zwei Wochen im Aug. geschl.

Strohköpfe

Javier S. Medina D 4

Der Mini-Kunsthandwerksladen stellt Wohnaccessoires her, und zwar Spiegel und Tierköpfe. Letztere nennt der aus Extremadura stammende Autodidakt Javier *trofeos ecológicos*, ökologische Trophäen. Er verarbeitet nur pflanzliche Materialien wie Rattan, Espartogras oder Bambus.

Escorial 28, Metro: L 3, 5 Callao, L 2 Noviciado, www.javiersmedina.com, Mo–Fr 9–15, Sa 11–14 Uhr

Made in Spain

Real Fábrica Española Karte 2, E 6

Basttaschen, Weidenkörbe, Keramik und Küchenwerkzeug aus guten alten Zeiten sind das Aushängeschild dieser spanischen Variante von Manufactum. Auch kulinarische Produkte aus traditionellem Handwerk stehen in den Holzregalen.

Cervantes 9, www.realfabrica.com, Metro: L 1 Antón Martín, L 1, 2, 3 Sol, Mo–Sa 12–16, 17–21 Uhr

Freiheit total!

Müssen die Madrilenen jede Nacht so angehen, als sei es die letzte ihres Lebens? Manchmal fühlt es sich so an. Vielleicht hat sich der Aufbruch in die große Freiheit in den 1980er-Jahren – das war die Movida Madrileña nach dem Ende der Diktatur – inzwischen in die Gene der Stadtbewohner eingeschrieben, und sie können jetzt nicht mehr anders, als sich dem nächtlichen Vergnügungsmarathon hinzugeben?

Madrid ist nachts ein Dschungel, der nicht zur Ruhe kommt, besonders von Mittwoch bis Samstag. Wer nicht schlafen will, muss auch nicht. Denn bis morgens um 6 Uhr, wenn die Metro wieder fährt, bleiben genug Lokale geöffnet.

Viele lassen ihren Arbeitstag gern mit einem After-Work-Treffen mit Kollegen oder Freunden ausklingen, um nach einem ersten Glas zwanglos ins Kino, Theater, die nächste Taverne oder später am Abend vielleicht noch in einen Musikclub weiterzuziehen. Das Angebot an Livemusik, ob Rock, Funk oder Indie, ist groß. Noch besser: Auftritte von Flamencokünstlern oder Jazzkonzerte.

Meist ganzjährig geöffnet sind die sich über die gesamte Stadt ausbreitenden Lokalterrassen. Und das den ganzen Tag: Sie beginnen ihn als Café-Bar, sind dann Restaurant und enden nachts als *bar de copas* (Kneipe). Von morgens um 7, 8 oder 9 Uhr bis Mitternacht oder 1 Uhr können Sie Sie sich dort bewirten lassen.

Man steht und redet, an der Wand baumeln die Schinken. So ist die Welt eigentlich in Ordnung.

ZUM SELBST ENTDECKEN

Madrids Altstadt ist des Nachts ein einziges Ausgehrevier. Wer das **Nachtleben** der Metropole als Konzentrat erleben will, steuere das Literatenviertel, Malasaña, Chueca oder Lavapiés an, genauer gesagt die Plaza de Santa Ana (► S. 33), Plaza de Chueca (► S. 63) und Plaza del Dos de Mayo (► S. 70) sowie deren Umgebung. In Lavapiés ziehen Nachtschwärmer in die Calle Argumosa (► S. 42).

Kino, Theater, klassische Konzerte oder Oper und Ballett: Das **Kulturprogramm** der Stadt ist unerschöpflich. Aktuelle Programminfos:
www.lanocheenvivo.com
https://guiadelocio.es/madrid/
www.esmadrid.com

WAS TRINKEN GEHEN …

Feine Weine

De Vinos C/D 3

Früher kauften die Leute aus dem Malasaña-Viertel hier ihre Milch. Yolanda hat daraus eine Weinbar gemacht und verkostet an der Theke und im Barraum eine gute Auswahl spanischer Tropfen. Der Hauswein ist gut und günstig. Ein Stück Käse dazu und alles ist gut.

La Palma 76, auf Facebook, Di–Do 19–24, Fr, Sa 19–2 Uhr

Kultig crazy

Salmon Guru Karte 2, E 6

Sie suchen Erleuchtung? Hereinspaziert ins Salmon Guru! Bunte Neonröhren in Blitzform erhellen die angesagte Cocktailbar im Barrio de las Letras. Hinterm Tresen steht einer der berühmtesten Barkeeper der Stadt, Diego Cabrera, und mixt sowohl klassische als auch experimentelle Drinks, auf Wunsch auch alkoholfrei. Dazu gibt's Sandwiches und Hummus für den kleinen Hunger.

Echegaray 21, Metro: L 1, 2, 3 Sol, L 2 Sevilla, www.salmonguru.es, tgl. 16–2/2.30 Uhr

Glas, Glas, Glas

Glass by Sips Karte 2, E 6

Sie können ja mal vorbeischauen im Luxushotel Urban … vorbeischauen kostet nichts. Riesige Glasfenster zur Straße, ein grandioser marokkanischer Kronleuchter, transparente Sitzmöbel von Philippe Starck. Überall Glas, Glas, Glas. Und dann das riesige Angebot an tollen Cocktails. Da lässt man sich mal sehen, da kommen doch wichtige Leute vorbei.

Carrera de San Jerónimo 34, https://www.hotelurban.com/es/glass-bar-by-sips, tgl. 11–2, Cafetería 11–17, Coctailbar ab 18 Uhr

Ambiente: kultig

Joséalfredo D 4

Die atmosphärische Musik von Tom Waits hat die Madrider Kult-Band Marlango beeinflusst – und die betreibt das JoséAlfredo im Stil einer amerikanischen Whisky-Bar der 1970er-Jahre. Kultig ist auch die Getränkekarte, der Hauscocktail ›JoseAlfredo‹ mixt Tequila, Orangenlikör, Limette, Apfelsinen- und Ananassaft, Grenadine: lecker!

Silva 22, Metro: L 3, 5 Callao, www.josealfredobar.com, Mo–Sa 18–3, So 19–3 Uhr

URIGE TAVERNEN

Was dem Londoner sein historischer Pub, das ist dem Madrider seine hundertjährige Taverne, und davon gibt es einige museumsreife Exemplare: **Ángel Sierra** an der Plaza de Chueca (E 4, ► S. 64), **La Ardosa** in Malasaña (E 4, ► S. 70), **Casa Alberto** und **La Venencia** im Literatenviertel (Karte 2, E 5, ► S. 35) oder – als angeblich älteste – **Antonio Sánchez.** Dort nippen Sie auf Holzhockern unter ausgestopften Stierköpfen am Wein oder Bier zu Madrid-typischen Tapas (Karte 2, D 7, Mesón de Paredes 13, Mo–Sa 12.30–24, So 12–16.30 Uhr).

MUSIK HÖREN UND TANZEN

Cocktails mit Livmusik

Café Berlín Karte 2, D 5

Ein typischer Nachtclub, in dem es fast täglich Livemusik gibt – Funk, Soul, Flamenco, Fusion, Jazz. Konzertbeginn ist meist um 20 und 23 Uhr, Disco mit DJ Do–Sa ab ca. 23.30 Uhr.

Costanilla de los Ángeles 20, www.berlincafe.es, Metro: L 3, 5 Callao, Mi–So ab 19 Uhr, Eintrittskarten 8–15 €

Pedro ›Perico‹ Chicote, dessen Bar in der Gran Vía wegen der Likörflaschen-Batterie den Beinamen ›Museum‹ bekam, starb 1977. Doch seine Cocktails sind bis heute berühmt. Das **Museo Chicote** ist nicht nur eine Bar mit kleinem Restaurantbereich, sondern ein Madrider Referenzort. Während Bürgerkrieg und Franco-Diktatur gab sich die Crème de la Crème der Stadt die Klinke in die Hand, Faschisten kamen genauso wie Linke oder Künstler aller Schattierungen. Der amerikanische Schriftsteller und Bürgerkriegsreporter Ernest Hemingway zum Beispiel arbeitete am liebsten im Chicote. Über die Jahrzehnte schlürften in den Art-déco-Nischen Stars wie Ava Gardner, Grace Kelly oder Frank Sinatra ihre Drinks. Während der Hungerjahre nach dem Bürgerkrieg fand hier ein lebhafter Schwarzmarkt mit Medikamenten statt, die es sonst nirgendwo mehr gab.

Karte 2, E 5, Gran Vía 12, www.museo-chicote.com, Mo–Sa 18–3, So 19–3 Uhr

Kultort des Jazz

Café Central Karte 2, E 6

Ein altes Café voller Spiegel, die vom früheren Laden für Spiegel und Bilderrahmen übrig blieben. Das Central mit seiner kleinen Bühne ist eine der Madrider Jazz-Institutionen. Nächtliche Sets finden von 22 bis 24 Uhr in sehr intimer Atmosphäre statt. Mit Restaurantbetrieb.

Plaza del Ángel 10, www.cafecentralmadrid.com, Metro: L 1, 2, 3 Sol, L 1 Antón Martín, tgl. 10–1, Fr, Sa bis 2 Uhr, Eintritt bei Konzerten ab 18 €

Weltmusik

Café de La Palma D 3

Mehrere Räume mit unterschiedlichem Ambiente, in denen man sich wahlweise zu den neuesten elektronischen Rhythmen bewegt, zu arabischen Klängen und in arabischem Dekor chillt oder Live-Konzerte erlebt.

Palma 62, www.cafelapalma.com, Metro: L 2, 3, 10 Noviciado, Mi–So 17–3/6 Uhr, Konzerte ab 8 €

Höhlen-Blues

La Coquette Blues Bar Karte 2, D5

Die Spezialität des kleinen Musikclubs ist Blues in all seinen Varianten. Im höhligen Ambiente von Ziegelsteingewölben treten schon seit 1982 Bluesmusiker auf, und es finden Jam Sessions statt. Das ist echt, hübsch, intim.

Hileras 14 / Arenal 22, Metro: L 1, 2, 3 Sol, L 5 Ópera, L 5 Callao, Di–So 21–2.30/3 Uhr

Entspannter Szene-Treff

El Juglar Karte 2, E 7

In der Szene von Lavapiés beliebte Kneipe mit einem kleinen Saal für Live-Konzerte. Jazz, Flamenco und afrikanische Musik stehen hier mit Vorliebe auf dem Programm. Angenehmes Flair.

Lavapiés 37, www.salajuglar.com, Metro: L 3 Lavapiés, Mi–Sa 21–3.30 Uhr, Konzerte 8–15 €

Auf den Klang kommt es an …

Tempo Audiophile Club C 4

Fantastische Wiedergabequalität, darauf legen Audiophile wert. Im Listening Room geht es genau darum. Unten befindet sich ein Konzertraum, und dann gibt es noch einen Bar- und Relaxraum. Cocktails, Weine und leckere Sachen zum Essen gibt es auch.

Duque de Osuna 8, Metro: L 2, L 3, L 10 Plaza de España, L 3 Ventura Rodríguez, www.tempoclub.es, Mi–Fr 19–3.30, Sa 13–3.30, So 13–2 Uhr, ab 10 €

Ein Stück Movida Madrileña

El Penta Bar E 3

El Penta war eine der ersten Kneipen, die am Ende der dunklen Franco-Ära Discolicht und Leben in die Madrider Nächte brachten. In den 1980er-Jahren inspirierte sie sogar die Band Nacha Pop zu ihrem emblematischen Song »La chica de ayer« (Das Mädchen von gestern). Der Ruhm lebt weiter mit der nächsten Generation der Nachtschwärmer.

Viel musikalische Power steht auf der kleinen Bühne des Café Berlín in der Altstadt. Für Konzerte, Party, Tanzen eine bewährte Adresse.

Palma 4, Metro: L 3, 5 Callao, L 1, 4 Bilbao, www.elpenta.com, So–Do 21–3, Fr, Sa und vor Fei 21–3.30 Uhr

Only good vibes

El Sol Karte 2, E 5

Auch hier steppt seit über 40 Jahren der Bär (zusammen mit der Bärin) – und wird nicht älter. Der Club ist nicht groß, aber die Musikanlage brilliant, die Bands aus aller Welt und das Programm breit gefächert: Soul, Funk, Rock, Hip-Hop, Fusion, Electro … So füllen mittlerweile die Enkel der Movida Madrileña die Tanzfläche.

Jardines 3, www.salaelsol.com, Metro: L 1, 5 Gran Vía, Di–So 20/22–5.30, Konzerte ab 20.30 oder 22, Clubbing ab 1 Uhr, ab 15 € inkl. Getränk

Es lebe der Rock

Honky Tonk E 3

Eines der ältesten Madrider Rocklokale, benannt wurde es nach einem Song der Rolling Stones. In dieser Livemusik-Bar beginnen die Konzerte meist nach Mitternacht, auch Blues und Country sind mal dabei. Ansonsten geben DJs den Ton an.

Covarrubias 24, www.clubhonky.com, Metro: L 4, 5, 10 Alonso Martínez, Di–Do 21.30–5, Fr, Sa und vor Fei bis 6 Uhr, Eintritt ab 10 €

Im Theater tanzen

Teatro Eslava Karte 2, D 5

Schick durchgestylt sind die Räumlichkeiten des ehemaligen Theaters unweit der Puerta del Sol. Ein selten schönes Ambiente, das Philippe Starck 2022 zum angeblich »avantgardistischsten Nachtspot« in ganz Europa weiterentwickelt hat. Auf dem Programm stehen zahlreiche Liveacts und Musikevents mit hochkarä-

INS KINO GEHEN

Madrid ist Spaniens wichtigste Filmproduktionsstätte – die Stadt von Pedro Almodóvar ist filmverliebt. Hübsch ist das alte Jugendstilkino **Cine Doré** (Karte 2, E 6/7, Santa Isabel 3). Zum ›Kino-Carré‹ **Manzana del Cine** (C 4, ► S. 61) gehören mehrere Programmkinos. Ein sehr besonderer Ort ist die **Cineteca** im Kulturzentrum Matadero Madrid (südl. A 8, ► S. 74), wo im Mai/Juni auch die ›Documenta‹, ein Festival des Dokumentarfilms, stattfindet (www.cinetecamadrid.com, www.documentamadrid.com).

tiger Besetzung, Musik und Disco für ein kunterbunt gemischtes Publikum.

Arenal 11, Metro: L 1, 2, 3 Sol, L 2, 5, R Ópera, Programm unter https://teatroeslava.com, ab 15/16 € Eintritt

Jazz, Soul, Funk …

Clamores E 2

… oder Pop, Rock, Folk. Vier Musiker, vier Nationen – das ist bei den Konzerten hier keine Seltenheit. Zur lockeren Stimmung im Multikulti-Ambiente tragen auch die gut gemixten Cocktails bei. Meist gegen Mitternacht verwandelt sich das Clamores in einen Dance Club.

Alburquerque 14, Metro: L 1, 4 Bilbao, www.salaclamores.es, Mo–Do 19–5.30, Fr, Sa bis 6 Uhr, Konzerte ab 15 €

The Show must go on …

Siroco D 3

Ein Treffpunkt des Nachtlebens seit den Zeiten der Movida Madrileña in den 1980er-Jahren. Er hat die Zeiten überdauert, am Wochenende gibt es Live-Acts, viel Pop und alternativen Rock.

San Dimas 3, www.siroco.es, Metro L 2 San Bernardo, Do–Sa 21–5 Uhr, Eintritt ab 15 €

FLAMENCO LIVE

Die Crème de la Crème spanischer Flamencokünstler – Sänger, Gitarristen, Tänzer – lebt in Madrid. Die Stadt ist das richtige Pflaster, um in die Flamencoszene einzutauchen und sich von dieser Musik berühren zu lassen. **Suma Flamenca,** so heißt das mehrwöchige, jährlich im Oktober/November stattfindende Flamencofestival, eines der weltweit bedeutendsten Ereignisse dieser Art. Neben den auf dieser Seite vorgestellten Tablaos existieren viele weitere gute Bühnen, darunter **Las Carboneras** (Karte 2, C 6, www.tablaolascarboneras.com), **Las Tablas** (C 4, www.lastablasmadrid.com) oder der **Teatro Flamenco de Madrid** (D 4, Teatro Alfil, www.teatroflamencomadrid.com).

FLAMENCO

Ein Tempel des Flamenco

Tablao Flamenco 1911

Karte 2, E 6

Schon wegen der Räumlichkeiten im arabisch-andalusischen Stil hinter der hinreißenden Kachelbildfassade könnte man in diesem Tablao einen Abend verbringen. Seit über hundert Jahren kommt hier Flamenco auf die Bühne.

Plaza de Santa Ana 15, Metro: L 1, 2, 3 Sol, L 1 Antón Martín, https://tablaoflamenco1911.com, tgl. Aufführungen um 18, 19.30, 21, 22.30 Uhr, ab 39 €

Der Klassiker

Corral de la Morería Karte 2, C 6

Namhafte Größen aus der Welt des Flamenco traten und treten hier bis heute auf. Seit 1956 ist der Tablao in Betrieb, ein historischer, hübscher Ort. Und es gehört hier zur Tradition, den Gästen auch ein Abendmenü anzubieten.

Morería 17, Metro: L 5 La Latina, www.corraldelamoreria.com, tgl. 20.30–2 Uhr, Eintritt ca. 50 €, Menü extra ab 50 € zusätzlich

Hotspot im Literatenviertel

Cardamomo Karte 2, E 6

Die junge Gitano-Szene Madrids gibt oft Livekonzerte im Cardamomo und trifft sich auch sonst gern in diesem langen Schlauch mit langer Theke und Live-Bühne im hinteren Bereich. Da geht es eher informell zu.

Echegaray 15, Metro: L 1, 2, 3 Sol, L 2 Sevilla, www.cardamomo.es, tgl. ca. 18–3 Uhr, Konzerte ca. 40 €

UNTER DEM STERNENHIMMEL …

Das Schönste in Madrid sind die warmen Sommernächte, in denen alle Welt draußen sitzt. Die Altstadt wird zur Open-Air-Terrasse. Um dem Sternenhimmel ein Stück näher zu kommen, liegen Dachterrassen voll im Trend, so die **Radio Me Madrid Rooftop Bar** im Literatenviertel (▶ S. 34), **Azotea del Círculo** (▶ S. 58) an der Calle de

Alcalá, **The Mint Roof** an der Gran Vía (► S. 89) und nicht zuletzt die **360° Rooftop Bar** oben im Riu-Hotel an der Plaza de España (► S. 62).

Hoch über der Gran Vía
Rooftop Hotel Pestana CR 7 ✪ Karte 2, D 5

Kein Wunder, dass gerade diese Dachterrasse im 9. Stock so viele Neugierige, Junge und Fußballfans anzieht. Denn das Pestana CR 7 gehört niemand anderem als Fußballer Cristiano Ronaldo. Sie dehnt sich über mehrere Ebenen aus und bietet einen 360° -Rundumblick. Beliebt sind die Pizzeria und die ›Sports Bar‹.

Gran Vía 29, 9. Stock, www.pestanacr7.com, Dachterrasse Di–So 19–1, Öffnungszeiten der Restaurants auf der Website

Rund ums Jahr geöffnet
Gymage Lounge Resort ✪ D 4

Schön ist der Blick von der Terrasse auf die Martinskirche und Richtung Gran Vía. Das Gymage Lounge Resort nennt sich selbst ›Madrids erste städtische Ferienanlage‹. Für Urlaubsgefühle sorgen ein Restaurant mit Showeinlagen, ein Fitnessstudio, das Boutique-Hotel – und eben die Sonnenterrasse.

Luna 2, Metro: L 3, 5 Callao, https://gymage.es/terraza/, Mo–Fr 16–1.30/2.30, Sa, So 12–1.30/2 Uhr

In anregendem Design baden
Terraza de Óscar ✪ E 5

Cooles Design und Neon-Ambiente machen das Hotel Room Mate Óscar aus, und das gilt auch für die Terraza de Óscar. Wer dort oben in den Pool springen möchte, zahlt dafür extra. Ansonsten schlürft man an Cocktails, hängt ab und genießt die Aussicht.

Plaza de Pedro Cerolo 12, Metro: L 5 Chueca, L 1 Gran Vía, https://room-matehotels.com/es/oscar/terraza/, Mo–Do 17.30–1, Fr 17.30–2, Sa 15–2, So 15–1 Uhr

Gartenoase mit Kultur
Raimunda ✪ Karte 2, F 5

Im Patio-Garten der Casa de América zu sitzen ist in Sommernächten ein besonderer Genuss. Auch Drinks und Speisen sind latino-like, denn das Amerikahaus ist eine Art kultureller Außenposten Südamerikas in Madrid.

Plaza de Cibeles 2 (Eingang an der Ecke Paseo de Recoletos), Metro: L 2 Banco de España, www.raimunda.es, www.casamerica.es, tgl. 12.30–1, Do–Sa bis 2 Uhr

Da lümmeln sie auf den Sitzkissen und würdigen den immer bleichen Madrider Sonnenuntergang und das Telefónica-Hochhaus mit keinem Blick. Aber gehen Sie ruhig auch auf die Terraza de Óscar, werden Sie part of the crowd!

Hin & weg

In Madrid ankommen

Aeropuerto Adolfo Suárez Madrid-Barajas: Der Flughafen liegt ca. 13 km nordöstlich des Zentrums. T 913 21 10 00, www.aena.es.
Busse ins Zentrum: Alle 10–25 Min. verkehren Stadtbusse zum Normaltarif zwischen Flughafen und der Metrostation Avenida de América (Intercambiador de transportes, Bussteig 11; zwischen 5 und 6 Uhr morgens starten die Busse auf der anderen Straßenseite, vor Avenida de América Nr. 4, Haltestelle 5788). Linie 200 steuert die Terminals 1–4 an (5–23.30 Uhr). Der Flughafenbus Exprés Aeropuerto/Linie 203 fährt vom Atocha-Bahnhof (🕮 G 8) via Plaza de la Cibeles (🕮 F 5) zum Flughafen (Fahrzeit ab/bis Atocha ca. 40 Min.) und hält dort an den Terminals T-1, T-2, T-4 (5 €). Zwischen 6 und 23.30 Uhr fährt er alle 15–20 Min. Nachts zwischen 23.30 und 6 Uhr starten die Busse alle 35 Min. an der Plaza de la Cibeles.
Metro: Metro-Bahnhöfe befinden sich zwischen Terminal 2 und 3 sowie am Terminal 4. Die Linie 8 fährt bis Station Nuevos Ministerios (🕮 nördl. F 1). Dort besteht Anschluss an die Metrolinien 6 und 10 sowie Nahverkehrszüge der Linie C-1 (s. u.). Der Flughafenaufschlag für die Metro beträgt 3 €.
Nahverkehrszüge/Cercanías: Linie C-1/C-10 verbindet die Stationen Príncipe Pío, Méndez Álvaro, Atocha (🕮 G 8), Recoletos, Nuevos Ministerios und Hauptbahnhof Chamartín mit Terminal 4. Die Züge fahren alle 30 Min. von 5.45–23.30 Uhr; genaue Abfahrtszeiten unter https://www.renfe.com/es/es/cercanias/cercanias-madrid/horarios.
Taxis: Eine Fahrt vom Flughafen ins Stadtgebiet innerhalb des Straßenrings M-30 kostet 33 € (Festpreis, Stand: 2024). Lassen Sie sich eine Quittung geben wegen eventueller Reklamationen! Am Flughafen sind auch sog. *piratas* (›schwarze‹ Taxen) unterwegs.

Einreisebestimmungen
Ausweispapiere: EU-Bürger, auch mitreisende Kinder, benötigen einen gültigen Personalausweis oder Pass.
Ein- und Ausfuhr: EU-Bürger können unbegrenzt Waren für ihren persönlichen Bedarf ein- und ausführen. Für Nicht-EU-Bürger sind die zollfreien Mengen auf 200 Zigaretten und 1 l Spirituosen begrenzt. Waffen (auch Verteidigungssprays u. Ä.) und Rauschgift sind strikt verboten.

Informationen vor Ort

Centro de Turismo: Plaza Mayor 27 (🕮 Karte 2, D 6), T 915 78 78 10; tgl. 9.30–20.30 Uhr. Weitere Touristeninformationen der Stadt Madrid: im CentroCentro/Palacio de Cibeles (🕮 Karte 2, F 5), neben den Museen El Prado (🕮 Karte 2, F 6) und Reina Sofía (🕮 F 8), an der Plaza de Callao (🕮 Karte 2, D 5) und gegenüber der Biblioteca Nacional am Paseo de Recoletos (🕮 F 4).
Infostellen der Comunidad de Madrid: Centro de Turismo Sol, Puerta del Sol 5 (🕮 Karte 2, D 5/6), T 912 72 34 00, Mo–Sa 9–20, So, Fei 9–14 Uhr. Weitere Infostellen im Flughafen (Ankunft Terminal 2, zwischen Saal 5 und 6, und Terminal 4, Saal 10); im Bahnhof Chamartín (🕮 nördl. G 1) nahe dem Eingang zu Gleis 19 *(puerta 19)* und im Bahnhof Atocha (🕮 G 8) im Bereich der AVE-Schnellzug-Ankünfte.
Im Internet
www.spain.info: Website des Fremdenverkehrsamtes Turespaña auf Deutsch. Umfangreiche Infos zu ganz Spanien, die Anforderung von Broschüren ist online möglich.
www.turismomadrid.es: Seite der Comunidad de Madrid für Touristen, auch auf Deutsch.
www.esmadrid.com: Website der Stadt mit Infos zu Museen, Sightseeing, Restaurants, Festen, aktuellen Events etc., auch auf Englisch und Französisch.

UMWELTFREUNDLICH UNTERWEGS

Metro

Das schnellste Fortbewegungsmittel ist in Madrid die Metro. Insgesamt elf Linien (L 1 bis L 11) erschließen die ganze Stadt (s. Metroplan auf der Rückseite des Faltplans). Die Metrozüge verkehren in kurzen Rhythmen, zur Rushhour, den *horas punta* von 7–10, 14–16 sowie 18–20 Uhr, herrscht Hochbetrieb. Betriebszeit ist von 6 Uhr bis ca. 1.30 Uhr. Die Linie L 12 und die Metro Ligero (ML), wie die Straßenbahnlinien in die Randbezirke genannt werden, bedienen Vororte.

Fahrscheine: Um mit der Metro zu fahren, müssen Sie sich zunächst am Automaten oder in einem Tabakladen *(estanco)* für 2,50 € eine wiederverwendbare Ticketkarte (Tarjeta Multi) kaufen. Auf diese Magnetkarte können Sie dann Fahrscheine buchen. Die Automaten dafür finden Sie in allen Metrostationen, an Flughäfen und Bahnhöfen. Einzelfahrscheine *(sencillo)* kosten für fünf Stationen 1,50 €, für jede weitere Station kommen je 0,10 € hinzu, bis zum Höchstpreis von 2 €. 10er-Karten (Bonometro/Metrobús) gelten auch für Busse und kosten 12,20 €. Die Entwertung erfolgt an den Zugangsschranken.

Abono Turístico: Auch das Touristenticket lädt man auf eine Tarjeta Multi (s. o. Fahrscheine), die dabei im Preis inbegriffen ist und später zum Wiederaufladen weiterverwendet werden kann. Es gilt für alle öffentlichen Verkehrsmittel und kostet für einen Tag in Zone A (Stadtgebiet inkl. Flughafen) 8,40 €, in Zone T (Region inkl. Guadalajara und Toledo) 17 €, für 2 Tage 14,20/28,40 €, für 3 Tage 18,40/35,40 €; für 5 Tage 26,80/50,80 €, für 7 Tage 35,40/70,80 €. Kinder zahlen die Hälfte.

Infos: T 900 44 44 04, www.metromadrid.es. Ein Kundenzentrum (Centro de Atención al Cliente) befindet sich in der Metrostation Sol (Karte 2, D 5), Haupthalle, Mo–Fr 7–22, Sa, So, Fei 10–22 Uhr.

Stadtbusse

Die roten EMT-Busse befahren 204 Linien. Praktisch für Besucher ist u. a. die Linie 27, die auf der Stadtachse Paseo del Prado–Paseo de Recoletos–Castellana verkehrt. Betriebszeit ist von 6 bis 23 Uhr, danach werden Nachtbusse eingesetzt *(buhos)*, die bis 2 Uhr alle 30 Min. und Fr, Sa sowie vor Feiertagen von 2 bis 5.30 Uhr alle 15 bis 20 Min. verkehren. Die *buhos* starten an der Plaza de Cibeles.

Fahrscheine: Einzelfahrscheine gibt es für 1,50 € auch im Bus, 10er-Karten s. o. unter Metro. Das Bezahlen geht auch kontaktlos mit Sparkassenkarte, Kreditkarte oder Smartphone. Die Tickets müssen am Fahrscheinentwerter entwertet werden.

EMT-Information: T 914 06 88 10, 900 87 83 31 (7–21 Uhr), www.emtmadrid.es.

Nahverkehrszüge

Cercanías (durch ein C plus Nummer gekennzeichnet) verkehren alle 10 Min. zwischen den Bahnhöfen Atocha und Chamartín (im Norden) über die Zwischenstationen Recoletos (nahe Plaza de Cibeles) und Nuevos Ministerios. Von diesen Bahnhöfen sowie von der Station an der Puerta del Sol, der Estación del Príncipe Pío und der Estación Méndez Álvaro fahren Züge in die Umgebung Madrids (von 5/6 Uhr morgens bis ca. 24/1 Uhr nachts). Die Linien C-1 und C-10 fahren zum Flughafen.

Infos: www.renfe.es

Taxis

Freie Taxis, erkennbar an der grünen Pilotlampe auf dem Dach und dem Schild *libre* (frei) in der Windschutzscheibe, winkt man durch Handzeichen heran. Leider kommt es gelegentlich zu ›Unregelmäßigkeiten‹ bei der Abrechnung. Achten Sie darauf, dass der Fahrer den Taxameter zu Beginn der Fahrt einschaltet und der richtige Tarif eingegeben wurde, lassen Sie sich evtl. auch eine Rechnung mit Taxinummer, Streckenangabe und Autokennzeichen geben. Generell ergibt sich der Preis aus einem Zusammenspiel von Entfernung und Zeit. Bei normalem Tempo kostet 1 km ca. 1,30/1,50 €.

Grundgebühren: Mo–Fr 7–21 Uhr 2,50 €, sonst 3,15 €. Der Mindestpreis für Stadtfahrten (Tarif 7) beträgt 7,50 €, bei Vorbestellung per Telefon oder App 5–8 €. Für Fahrten über den Stadtring M-30 hinaus wird Tarif 3 angesetzt, das ist ein Mindestpreis von 20 €, der eine Entfernung von 9 km abdeckt.

Reklamationsstelle: Juntas Arbitrales del Transporte de Madrid, Calle Orense 60, 1. Stock, Metro: L 1 Tetuán, T 915 80 29 58, Mail: juntas.arbitrales@madrid.org, Web: https://www.comunidad.madrid/servicios/transporte/juntas-arbitrales-transporte-madrid. Unbedingt die Rechnung vorlegen!

Telefonische Taxi-Bestellung:
T 914 47 51 80, 914 05 12 13,
T 915 47 82 00, 913 71 21 31,
Für Rollstuhlfahrer sollte man ein ›Eurotaxi‹ bestellen.

Radfahren und E-Scooter

BiciMad

Madrid macht es Radfahrern (noch) nicht immer leicht, obwohl Dutzende neuer Radwege entstanden. In vielen Altstadtgassen und auch auf mehrspurigen Straßen zeigt ein Symbol im Straßenpflaster die gleichberechtigte Mitbenutzung des Weges durch Biker an, was Pkw zur Reduzierung ihrer Geschwindigkeit auf 30 km/h verpflichtet.

BiciMAD nutzen: Das städtische Radverleihsystem stellt rund 7000 blaue E-Bikes bereit, deren Batterien an den BiciMAD-Stationen stets neu aufgeladen werden. Manchmal liegen nur 300 m zwischen den Stationen, an denen Nutzer ein Rad übernehmen oder wieder abgeben. Und so geht's: Dauernutzer erwerben ihre Nutzungsberechtigung zusammen mit dem Abo für den ÖPNV. Gelegenheitsnutzer laden unter www.bicimad.com die App herunter, registrieren sich mit Mailadresse und Telefonnummer und legen die Zahlungsweise fest (Kredit- oder EC-Karte). Die App zeigt in einem Stadtplan, an welcher Station wie viele Räder verfügbar sind. Zum Start muss der QR-Code vom Rad in die App eingelesen oder die Fahrradnummer eingetippt werden. Gelegenheitsnutzer wählen den *modo ocasional.* Die Gebühren werden automatisch für die genutzte Zeit abgebucht, d. h. bis das Rad wieder an einer beliebigen Station abgegeben und korrekt verankert ist. Probleme und Beschwerden werden über die App kommuniziert.

Kosten: bis zu 1 Std. 2 €, bis zu 2 Std. 4 €, Folgestunden 4 €.

Transport in der Metro: Der Radtransport in der Metro ist kostenlos möglich, außer zu Hochbetriebszeiten (Mo–Fr 7.30–9.30, 14–16, 18–20 Uhr). Das gleiche gilt für die *cercanías* (Nahverkehrszüge). Es wird empfohlen, mit Rädern den ersten oder letzten Waggon zu nutzen.

Infos: www.bicimad.com und auf www.madrid.es/oficinadelabici. Viele gute Tipps bietet die Website www.enbicipormadrid.es, ebenfalls mit Radtourenkarten.

Radverleih

Madrid Bike Tours: Santiago 18, T 910 75 19 01 63, madridbiketours.com, tgl. 9–18, im Sommer bis 20 Uhr, 2 Std. ab 15 €, 5 Std. ab 29 €, E-Bikes 25/39 €. Auch E-Roller und Segways sowie geführte Touren.

Trixi Madrid: 🕮 Karte 2, E 5, Jardines 12, T 915 23 15 47, www.trixi.com, Metro: L 1, 5 Gran Vía, L 1, 2, 3 Sol, Mo–Fr 10–18, Sa, So bis 20 Uhr, 18 €, E-Bike 36 € pro Tag, Gruppen auf Anfrage. Solide Stadträder mit Halterung für Smartphones. Trixi Madrid bietet verschiedene geführte Radtouren in mehreren Sprachen an.

Pangea: 🕮 südl. C 8, Paseo de Yeserías 15, T 915 172 839, www.rutaspangea.com, Metro: L 5 Pirámides, Mo–Sa 10–14, 16–19 Uhr, 6 €/Std., 18 €/Tag, Helm und Kindersitz je 2 €/Tag.

E-Scooter

Wie in vielen anderen Großstädten finden Sie auch in Madrid über das ganze Sadtgebiet verteilt sogenannte *patinetes eléctricos.* Die Anmietung dieser E-Scooter erfolgt über die App des jeweiligen Anbieters, indem Sie den am Roller angebrachten QR-Code scannen. Es ist verboten, damit Bürgersteige zu befahren, ebenso der Transport in Metro oder Bussen. Die Nutzung ist auf Radwegen und kleineren Straßen erlaubt.

REISEN MIT HANDICAP

Das Fremdenverkehrsamt hilft mit vielerlei Auskünften. Die Tourist Info an der Plaza Mayor vermittelt auch behindertengerechte Stadtführungen.
Infos: Spezielle Angebote zu barrierefreiem Urlaub finden sich unter www.accessiblemadrid.com; Interessenvertretung: www.famma.org.

SICHERHEIT UND NOTFÄLLE

Notrufnummern
Allgemeiner Notruf: T 112
Vergiftungen: T 915 62 04 20
Rotes Kreuz: T 915 22 22 22
Polizei: T 091 oder 092
Feuerwehr: T 080
Kreditkartenverlust: T 0049 116 116 (allgemeine Sperr-Rufnummer) oder Sie melden sich direkt bei Ihrer Bank.

Diplomatische Vertretungen
Deutschland: T 915 57 90 00, www.spanien.diplo.de
Österreich: T 915 56 53 15, im Notfall T +34 670 51 95 72, www.bmeia.gv.at/botschaft/madrid
Schweiz: T 914 36 39 60, www.eda.admin.ch/madrid

Diebstähle
Taschendiebe sind am liebsten im dichten Gedränge unterwegs, so an Bahnhöfen, rund um die großen Museen, in den Einkaufsstraßen rund um die Puerta del Sol, auf dem sonntäglichen Flohmarkt El Rastro sowie in Metros und Bussen. Touristen, die einen Diebstahl melden wollen, rufen die eigens dafür eingerichtete Nummer 902 10 21 12 an (rund um die Uhr, auch auf Deutsch und Englisch) oder gehen auf die Website https://www.policia.es/_es/denuncias.php. Danach wende man sich wegen der Schadensmeldung an den Servicio de Atención al Turista Extranjero (SATE) der Polizeidienststelle *(comisaría)* in der Calle Leganitos 19 (🕮 C 4, satemadrid@esmadrid.com, https://www.esmadrid.com/informacion-turistica/sate#, Metro: L 3, 5 Callao, L 2 Santo Domingo, L 2, 3, 10 Plaza de España, tgl. 9–24 Uhr).

STADTRUNDFAHRTEN

Bei Fahrten mit den offenen Doppeldeckerbussen von **Madrid City Tour** (März–Okt. 9–22 Uhr, im Winterhalbjahr 10–18 Uhr) können Sie an den markierten Haltestellen beliebig aus- und wieder zusteigen. Infos zu den Sehenswürdigkeiten auch auf Deutsch.
Die Routen: Ruta 1: Madrid Histórico (Historisches Madrid), Ruta 2: Madrid Moderno (Modernes Madrid); Ruta Nocturna (Nachtroute, nur im Sommer).
Preise: Tageskarte 25 €, Zweitageskarte 30 €; Jugendliche (7–15 Jahre) und Senioren ab 65 Jahren 11 € bzw. 15 €, Familienkarte (2 Erw., 2 Kinder) 62 €. Fahrkarten erhält man im Bus und an den Kiosken von Madrid City Tour, teils auch in Hotels oder an Zeitungskiosken im Zentrum.
Information: Madrid City Tour, u. a. in der Calle Felipe IV (zwischen Prado-Museum und Hotel Ritz) und auf der Plaza de España, www.madrid.city-tour.com.

TELEFONIE UND WLAN

Alle Telefonnummern außer Notrufnummern sind neunstellig, eine Ortsvorwahl gibt es nicht. **Internationale Vorwahlen:** D +49, A +43, CH +41, für Spanien +34.
Freien **Internetzugang** finden Sie in allen Hotels und auch auf vielen öffentlichen Plätzen. Das gilt etwa für die zentrale Plaza Mayor und die dortige Touristeninformation.

O-Ton Madrid

Guten Tag

Entrada

Eingang
Aber auch: Eintritt

¡NO ME RAYES!

Lass mich in Ruhe!
Die neue Zauberformel gegen jedwede Belästigung.

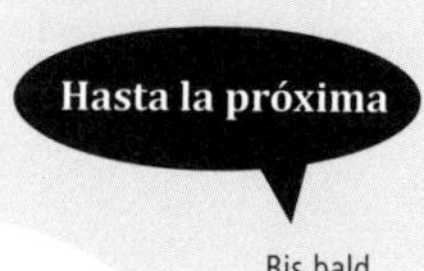

Bis bald

Marchando una de gambas/ jamón/queso ...

Her mit Gambas/Schinken/Käse ...
So rufen Kellner Bestellungen in die Küche oder über den Tresen, wenn es fix gehen soll.

Perdón

Entschuldigung
Ein wichtiges Wort. Wenn Sie jemandem auf die Füße treten oder gedrängelt haben, dann heißt es Perdón

Danke

Eres más chulo que un ocho

Du bist schicker als eine Acht.
Anspielung auf die eleganten Waggons der Straßenbahnlinie 8, die einst durch Madrid fuhr.

¡No me digas!

Sag so was nicht!
Ausdruck des Erstaunens oder Bedauerns über eine Nachricht

Ja, man kann (Ja, das geht).
Das war der Schlachtruf der jungen »Bewegung der Empörten«. Jetzt wird er in allen Lebenslagen eingesetzt.

AL FONDO HAY SITIO

Hinten ist noch Platz.
Und wenn es noch so voll ist, eine/r mehr passt immer noch rein.

Register

Das Klima im Blick

Reisen bereichert und verbindet Menschen und Kulturen. Wer reist, erzeugt auch CO_2. Der Flugverkehr trägt in erheblichem Maße zur globalen Erwärmung bei. Wer das Klima schützen will, sollte sich – wenn möglich – für eine schonendere Reiseform entscheiden oder die Projekte von atmosfair unterstützen. Flugpassagiere spenden einen kilometerabhängigen Beitrag für die von ihnen verursachten Emissionen und finanzieren damit Projekte in Entwicklungsländern, die dort den Ausstoß von Klimagasen verringern helfen (mehr Infos zum Fliegen mit atmosfair finden Sie unter www.atmosfair.de).

Abbildungsnachweis
Fotolia, New York (USA): S. 120/2 (kasto); 21 (nito)
Getty Images, München: S. 120/8 (Andy Sheppard/Redferns)
Glow Images, München : S. 27 (imageBroker/Fabian von Poser)
Huber-Images, Garmisch-Partenkirchen : S. 25, 75 (Paolo Giocoso); Umschlag, Faltplan (Sandra Raccanello)
Javier Peñas, Madrid Destino, Gastrofestival 2016: S. 14/15
laif, Köln: S. 28, 97 (Frank Tophoven); 74 (Gunnar Knechtel); 57, 94 (Miquel Gonzalez); 4 o. (Monika Gumm); 7, 98 (Suse Multhaupt); 16/17 (The New York Times/Redux/Carlos Lujan); 109 (Thomas Linkel); 24 (VWPics/Redux/Lucas Vallecillos)
Lookphotos, München: S. 70 (age fotostock)
Manuel García Blázquez, Madrid (ES): Umschlagklappe hinten, 12/13, 41, 42, 44, 45, 55, 60, 78/79, 80, 90, 92, 102, 120/4, 120/5
Mauritius Images, Mittenwald: S. 8/9 (age fotostock/Domingo Leiva); 71 (age fotostock/Facto Foto); 85 (age fotostock/Luis Davilla); 52, 67 o. (Alamy/Alex Segre); 120/3 (Alamy/Auad); 29 (Alamy/EmmePi Travel); 36 (Alamy/Kevin Foy); 49, 100, 105 (Alamy/Lucas Vallecillos); 120/1 (Alamy/Photo 12); 63 (Alamy/Richard Bradley); 86 (Cash); 33 (John Warburton-Lee/Carlos Sanchez Pereyra); 39 (SuperStock/Fine Art Images); 56, 68, 83 (Travel Collection/Christina Körte); 120/6 (United Archives); 104 (United Archives/Fishman)
Niko Chicote, Madrid (ES): S. 4 u., 20, 40, 67 u., 107
picture-alliance, Frankfurt a. M. : S. 120/9 (EFE); 120/7 (EFE/J.P.Gandul)
Room Mate Hoteles, Madrid (ES): S. 88 (martinmendezphoto)
Shutterstock.com, Amsterdam (NL): S. 23 (Anton Gvozdikov); 47 (Bruno Coelho); 48 (Christian Mueller); 93 (Vasiliy Budarin)
Wolfram Schwieder, Ostfildern: S. 32
Zeichnungen: S. 5 o., 5 u. (Antonia Selzer, St. Peter); Umschlagklappe vorn, 2, 11, 40, 61, (Gerald Konopik, Mammendorf)

Kartografie
© KOMPASS-Karten GmbH, A-6020 Innsbruck; DuMont Reiseverlag, D-73751 Ostfildern.
Wir danken Miguel Ángel Delgado und Paco Udina vom Consorcio de Transportes de Madrid für den Linienplan von Metro und Nahverkehrszügen.

Umschlagfotos: Titelbild: Restaurant El Madroño an der Plaza Puerta Cerrada
Umschlaginnenseite hinten: Blick aus der Calle de Alcalá in den Himmel über Madrid

Hinweis: Autoren und Verlag haben alle Informationen sorgfältig geprüft. Gleichwohl sind Fehler nicht vollständig auszuschließen. Alle Angaben erfolgen ohne Gewähr. Bitte schreiben Sie uns, wir freuen uns über Feedback und Verbesserungsvorschläge.
DuMont Reiseverlag, Postfach 3151, 73751 Ostfildern,
info@dumontreise.de, www.dumontreise.de

FSC
www.fsc.org
MIX
Papier | Fördert gute Waldnutzung
FSC® C018236

3., aktualisierte Auflage 2024

Lektorat: Hans E. Latzke
Bildredaktion: Stefan Scholtz
Grafisches Konzept: Eggers+Diaper, Potsdam
Printed in Poland

Kennen Sie die?

9 von 3 339 931 Madrilenen

Pedro Almodóvar

Spaniens international bekanntester Filmemacher seit Luis Buñuel. Lebt und arbeitet in Madrid, wohl aus gutem Grund. In etlichen seiner Kinoproduktionen sind originale Madrider Schauplätze wiederzuerkennen.

Der Madrider Bär

Oso und Madroño, der Bär und der Erdbeerbaum, an dem er sich aufrichtet, sind wohl das meistfotografierte Motiv Madrids. Er ist das Wappentier der Stadt, ganz so wie auch die Partnerstadt Berlin ihren Bären hat.

Leo Bassi

In seinem ›Heiligtum‹ in der Travesía de la Primavera 7 nimmt der bekannte Clown die Religion gehörig auf die Schippe. Heidnischer Höhepunkt der Woche ist die Misa Patólica am Sonntag (paticano.com, leobassi.com).

Clara Campoamor

Als Vorkämpferin für Frauenrechte gründete die Madrider Anwältin (1888–1972) eine eigene Partei. Während der Franco-Diktatur floh sie ins Exil. Heute überblickt ihre Büste den Platz vor dem Kulturzentrum Conde Duque.

Perro Paco

Hund Paco war ein ganz besonderer Stadtbewohner. Er streunte durch Straßen, Cafés und Bars und war überhaupt ein überaus geselliger Zeitgenosse. Seit Kurzem hat er seinen festen Platz in der Calle de las Huertas.

Kybele

Die Herrin des schönsten Madrider Brunnens, Fuente de Cibeles, ist ein Wahrzeichen der Stadt. Und irgendwie ist sie für viele die Urmutter und verehrte Göttin. Die Fans von Real Madrid feiern siegreiche Spiele zu ihren Füßen.

Javier Marías

Seine hinreißenden Romane waren auch bei uns Bestseller. Der Schriftsteller und Kolumnist für die Zeitung El País lebte bis zu seinem Tod im Jahr 2023 in Madrid.

Paco de Lucía

Der beste Flamenco-Gitarrist (1947–2014), Symbolfigur der madrilenischen Szene. In der nach ihm benannten Madrider Metrostation lebt er als Street-Art-Portrait weiter.

Antonio López García

Der moderne Künstler hat Madrid aus vielen Blickwinkeln gemalt. Seine Werke hängen im Museo Reina Sofía, zwei Skulpturen stehen am Atocha-Bahnhof.